Thuraiya Balarab Saif Al Battashi
Qadir Bux Imran Latif
Sasitharan Nagapan

Perspektywy rzeczoznawcy budowlanego w zakresie odpadów budowlanych

Thuraiya Balarab Saif Al Battashi
Qadir Bux Imran Latif
Sasitharan Nagapan

Perspektywy rzeczoznawcy budowlanego w zakresie odpadów budowlanych

Gospodarka budowlana Przyczyny powstawania odpadów materiałów budowlanych w Omanie

Wydawnictwo Bezkresy Wiedzy

Cover image: www.ingimage.com

Publisher:
Wydawnictwo Bezkresy Wiedzy
is a trademark of
International Book Market Service Ltd., member of OmniScriptum Publishing Group
17 Meldrum Street, Beau Bassin 71504, Mauritius

Printed at: see last page
ISBN: 978-620-0-81088-5

Dedykacja:

Po pierwsze, dziękuję Bogu za jego miłosierdzie i błogosławieństwo.

Każda trudna praca wymaga zarówno wysiłku własnego, jak i wskazówek starszych, zwłaszcza tych, którzy byli bardzo bliscy naszemu sercu. Ten projekt nie zostałby zrealizowany bez wsparcia ze strony mojej rodziny i przyjaciół. Ich nieustanne dobre chęci uczyniły cuda. Dziękuję mojej siostrze Alyi i mojej przyjaciółce Ruqaiyi Al Rashdi za ich zachętę. Podziękowania dla mojego kolegi Salima Al Rawahi. Wielkie podziękowania dla mojego przełożonego Dr. Qadir Bux alias Imran Latif za jego wskazówki.

Podziękowania:

Realizacja tego przedsięwzięcia nie byłaby możliwa bez udziału i zgody tak wielu osób, których nazwiska nie wszystkie mogą być wymienione. Ich wkład jest szczerze doceniany i wdzięczny. Chciałbym wyrazić moje głębokie uznanie dla mojego przełożonego dr Qadir Bux alias Imran Latif, oraz dla moich egzaminatorów dr Nasrellaha Hassana i prof. dr Subhi Aziza za ich niekończące się wsparcie, życzliwość i zrozumienie ducha podczas mojej prezentacji.

Streszczenie:

Rewolucja wzrostu w budownictwie zwiększa problemy związane z odpadami budowlanymi na całym świecie. Odpady budowlane mają negatywny wpływ na środowisko, koszty i czas. Aby zredukować te negatywne oddziaływania, należy zrozumieć wytwarzanie odpadów budowlanych i gospodarowanie nimi. Projekt ten koncentruje się na identyfikacji czynników powodujących powstawanie odpadów budowlanych w miejscowościach Muscat i Nizwa w Omanie oraz dodatkowo jeden projekt w Królestwie Arabii Saudyjskiej. Na podstawie badań przeprowadzonych w kilku miejscach w miejscowościach Muscat i Nizwa w Omanie i w Królestwie Arabii Saudyjskiej zidentyfikowano łącznie 81 czynników powodujących powstawanie odpadów budowlanych. Czynniki te zostały uwzględnione w formularzu kwestionariusza, w którym kwestionariusz ten został rozesłany do ekspertów budowlanych, którzy uczestniczyli w bieżących projektach budowlanych. Badanie zostało przeprowadzone poprzez wywiady z konsultantami, wykonawcami i stronami klienta. Zebrane dane zostały przeanalizowane przy użyciu metody średnich wskaźników dla każdego z czynników, a następnie uszeregowane na podstawie wskaźnika w celu określenia jego znaczenia dla odpadów budowlanych. W rezultacie stwierdzono, że najistotniejszymi czynnikami powodującymi powstawanie odpadów budowlanych w fazie "projektowania" są "częste zmiany projektowe" oraz "brak doświadczenia projektanta". W fazie "obsługiwania" najważniejszymi czynnikami powodującymi powstawanie odpadów budowlanych są "niewłaściwe przechowywanie materiałów". W fazie "Pracownicy" głównym czynnikiem jest "złe nastawienie pracowników". W fazie "Zarządzania" najważniejszymi czynnikami powodującymi powstawanie odpadów budowlanych są "złe zarządzanie budową" i "słaby nadzór". W fazie "zamówień" najważniejszymi czynnikami powodującymi powstawanie odpadów budowlanych są "częste zmiany kolejności" oraz "błędy w badaniach ilościowych". W fazie "Stan terenu budowy" najważniejszymi czynnikami powodującymi powstawanie odpadów budowlanych są "zły stan terenu budowy". Wyniki tych badań są pomocne dla społeczności budowlanej w unikaniu potencjalnego wytwarzania odpadów budowlanych na potrzeby przyszłych projektów budowlanych w celu osiągnięcia udanych projektów budowlanych.

Słowa kluczowe - odpady budowlane, Oman, KSA, Przyczyny, IA, odpady fizyczne, Muscat, Nizwa, odpady materiałowe.

Spis treści

Rozdział 1

WPROWADZENIE

1.1 Kontekst badań

Przemysł budowlany jest znany z tego, że przyczynia się do wzrostu gospodarczego, szczególnie w krajach rozwijających się. Przyczynia się on jednak również do negatywnego oddziaływania na środowisko poprzez wytwarzanie odpadów z działalności budowlanej [1]. Wytwarzanie odpadów budowlanych powoduje poważne problemy zarówno w skali lokalnej, jak i globalnej. Ilość wytwarzanych odpadów jest wprost proporcjonalna do dużych potrzeb projektów takich jak budownictwo mieszkaniowe, hipermarkety czy kompleksy handlowe, a wiele projektów infrastrukturalnych wymaga poprawy stylu życia ludzi [2].

Odpady budowlane można podzielić na dwie grupy: odpady fizyczne i niefizyczne. Odpady fizyczne powstają w postaci strat materiałowych, takich jak drewno, beton, metal, cegła, płyty gipsowo-kartonowe, pokrycia dachowe, opakowania materiałowe, tworzywa sztuczne, papier, karton i inne [3]. Niefizyczne odpady budowlane to działania, które nie przynoszą wartości dodanej, głównie w postaci przekroczenia czasu i kosztów, takie jak opóźnienia, wykonywanie zbędnych prac itp. dla projektów budowlanych [4].

Kraj rozwijający się, jakim jest Malezja, Oman również popadł w problemy związane z odpadami budowlanymi w związku z szybkim rozwojem sektora budowlanego. Równolegle, wraz z rosnącym zapotrzebowaniem na projekty infrastrukturalne, budownictwo mieszkaniowe, w Malezji [5] i Omanie wytwarzane są duże ilości odpadów budowlanych. Warunki te mogą mieć ogromny wpływ na koszty i czas realizacji projektów ze względu na fizyczne i niefizyczne odpady dla budownictwa w Omanie [6], które kładą nacisk na potrzebę systematycznej i skutecznej metody minimalizacji odpadów w celu kontrolowania wytwarzania odpadów na różnym poziomie [7]. W związku z tym, aby uniknąć powstawania odpadów, konieczne jest ustalenie ich pierwotnej przyczyny. Przyczyny, które przyczyniają się do powstawania odpadów budowlanych są różne.

Celem niniejszego opracowania jest znalezienie odpadów budowlanych i ich przyczyn od początku do końca prac budowlanych w Muscat i Nizwa w Omanie. Informacje te pomogą klientowi, konsultantowi i wykonawcy zidentyfikować główne przyczyny powstawania odpadów budowlanych, które generują odpady.

1.2 Odpady budowlane

Odpady są produktem lub materiałem, który jest niepożądany [8]. Można go zdefiniować jako dowolny materiał pochodzenia ludzkiego, który nie ma wartości końcowej [9], nie może być ponownie wykorzystany i nie może być poddany recyklingowi. Odpady budowlane dzieli się na dwie grupy, mianowicie odpady fizyczne i niefizyczne [10].

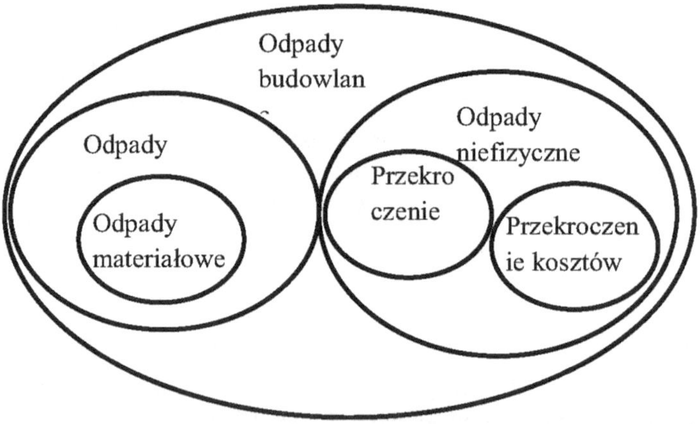

Rysunek 1.1: Klasyfikacja odpadów budowlanych

1.2.1 Odpady fizyczne

Odpady fizyczne definiuje się jako odpady powstające w wyniku prac budowlanych, remontowych i rozbiórkowych, w tym wykopalisk lub formacji [11].

Innymi słowy, odpady w budownictwie koncentrują się nie tylko na ilości odpadów materiałowych na miejscu, ale także związane są z kilkoma działaniami, takimi jak nadprodukcja, czas oczekiwania, przeładunek materiałów, przetwarzanie, inwentaryzacja i przemieszczanie pracowników [12, 13]. Podobnie, badacz z Indonezji zdefiniował odpady nie tylko jako odpady materiałów w procesie budowlanym, ale także jako inne działania, które nie wnoszą wartości dodanej, takie jak naprawy, czas oczekiwania i opóźnienia [14]. Istnieją również inne kategorie odpadów, takie jak wypadki, praca w warunkach nieoptymalnych [15]. Odpady można zdefiniować jako każdą nieefektywność, która skutkuje zużyciem sprzętu, materiałów, pracy lub kapitału w większych ilościach niż te, które uznaje się za niezbędne w procesie budowy [16]. Do odpadów budowlanych zalicza się zatem odpady z budowy, przebudowy i remontów poszczególnych rezydencji, budynków handlowych i innych obiektów [17]. Wreszcie, odpady budowlane definiuje się jako różnicę między wartością tych materiałów dostarczonych i odebranych na miejscu budowy a tymi, które zostały prawidłowo wykorzystane zgodnie ze specyfikacją i dokładnością pomiaru w pracy, po odliczeniu oszczędności kosztów materiałów zastępczych i tych przeniesionych gdzie indziej [18].

1.3 Klasyfikacja odpadów fizycznych

Odpady mają bezpośredni wpływ na wydajność i czas realizacji projektu, co skutkuje utratą znacznej części przychodów. Badania wykazały, że każda konstrukcja produkująca różne rodzaje odpadów fizycznych takich jak drewno, beton, metal, cegła, płyty gipsowo-kartonowe, pokrycia dachowe, opakowania materiałowe, tworzywa sztuczne, papier, karton i inne [3].

Określenie rodzaju odpadów wytwarzanych na terenie zakładu. Po obserwacji z wcześniejszych badań na terenie budowy stwierdzono pięć głównych rodzajów odpadów fizycznych [19]:

a. Odpady betonowe

Odpady betonowe mogą powstawać w wyniku niewłaściwego obchodzenia się z takimi elementami budowlanymi jak pal betonowy i wyburzać takie źle wykonane elementy. Rysunek 2 przedstawia odpady betonowe podczas mieszania.

Rysunek 1.2: Odpady betonu

b. Odpady drzewne

Zazwyczaj używa się go jako deskowania. Drewno jest używane minimum trzy razy przed jego usunięciem. Otwarte spalanie drewna może mieć negatywny wpływ na środowisko naturalne. Rysunek 3 przedstawia niewłaściwie ułożone drewno na placu budowy.

Rysunek 1.3: Odpady drewna

c. Odpady stalowe

Zbrojenie stalowe jest jednym z ważnych elementów w budownictwie. Odpady często pojawiają się na miejscu budowy z powodu niewłaściwego odcięcia pręta przez niedoświadczonych pracowników budowy. Rysunek 4 przedstawia zardzewiałe odpady stalowe na miejscu budowy.

Rysunek 1.4: Odpady stalowe

d. Odpady blokowe

Bloczki są najczęstszymi materiałami używanymi do budowy ścian. Charakter bloków jest kruchy. Odpady powstają zazwyczaj w wyniku niewłaściwego obchodzenia się z tymi materiałami na etapie budowy. Rysunek 5 przedstawia uszkodzone bloki odpadowe na miejscu budowy.

Rysunek 1.5: Odpady z bloków

e. Odpady opakowaniowe

Odpady opakowaniowe powstające na terenie zakładu podczas procesu dostawy. Wielu dostawców dostarczało materiały budowlane na miejsce budowy z odpowiednią procedurą pakowania. W związku z tym, po zużyciu lub dostarczeniu

Rysunek 1.6: Odpady opakowaniowe

materiału, odpady opakowaniowe pozostają lub pozostają na miejscu budowy. Najczęściej wykrywane są odpady opakowaniowe z tworzyw sztucznych i papieru. Rysunek 6 przedstawia odpady opakowaniowe z toreb cementowych.

1.4 Stwierdzenie problemu i potrzeba badań

W krajach rozwiniętych, takich jak Malezja, Hongkong, Singapur, Australia, Chiny, Niemcy, Finlandia, Sri Lanka, Hiszpania i USA, badania wskazują na problemy związane z odpadami budowlanymi, takie jak przekroczenie kosztów, nielegalne składowanie odpadów, składowanie na wysypiskach itp.

Skuteczna minimalizacja odpadów budowlanych przyczynia się do maksymalizacji zysku. Pomimo poważnego zagrożenia, jakie odpady budowlane stanowią dla celu zysku, nie przywiązuje się wagi do identyfikacji czynników powodujących i przyczyniających się do powstawania odpadów budowlanych w budownictwie. Budowa dróg, domów, mostów lub czegokolwiek innego dla osób prywatnych lub rządu, wymaga wielu nakładów. Do kosztów tych przedsięwzięć zalicza się w znacznym stopniu odpady budowlane.

Redukcja odpadów nie ogranicza się do małych i dużych projektów, ale także do nowo powstałych firm, czy to międzynarodowych, czy lokalnych. Sytuacja ponownie się pogarsza, gdy osoby pracujące przy produkcji nie mają żadnego pojęcia o gospodarce odpadami budowlanymi. Nie oznacza to, że menedżerowie spoza branży nie mogą zredukować odpadów, ale uważa się, że profesjonalista może zrobić to lepiej niż nieprofesjonalista.

Badanie to zostało zatem podjęte w celu zrozumienia wyzwań i kwestii związanych z wytwarzaniem odpadów budowlanych w przemyśle budowlanym w miejscowościach Muscat i Nizwa w Omanie, aby utorować drogę do znalezienia rozwiązania problemu zagrożenia odpadami.

1.5 Cel

Głównym celem tego projektu jest minimalizacja odpadów budowlanych w przemyśle budowlanym w Muscat i Nizwa, Omanie oraz w Królestwie Arabii Saudyjskiej:

1. Klasyfikacja i identyfikacja czynników powodujących powstawanie odpadów budowlanych.
2. Analiza mająca na celu znalezienie istotnych czynników powodujących powstawanie odpadów budowlanych.
3. Zalecenia dotyczące ograniczenia istotnych czynników powodujących powstawanie odpadów budowlanych.

1.6 Zakres i ograniczenia

Badania te zostały przeprowadzone w celu zbadania czynników powodujących powstawanie odpadów budowlanych w budownictwie, ze szczególnym uwzględnieniem Muscat i Nizwa, Oman i Królestwa Arabii Saudyjskiej. W takich badaniach z pewnością można napotkać kilka ograniczeń. Po pierwsze, w regionie Muscat i Nizwa istnieje kilka firm budowlanych, dlatego też badanie może nie być koniecznie reprezentatywne dla całej populacji. Po drugie, badanie jest również ograniczone czasowo. Ogranicza nas również czas, w którym ten projekt ma być przedstawiony. Może to nie pozwolić nam na krytyczną ocenę dużej liczby pracowników budowlanych. Niemniej jednak, w obliczu tych wszystkich ograniczeń, uważa się, że główny cel, jakim jest ocena czynników przyczyniających się do powstawania odpadów, może zostać osiągnięty.

1.7 Znaczenie badań

Praca ta ma na celu zwrócenie uwagi osób w firmach budowlanych na niektóre czynniki powodujące powstawanie odpadów budowlanych, aby mogły one obniżyć poziom odpadów i jako takie poprawić wydajność.

Badanie to ma również na celu wniesienie pewnego wkładu w zrozumienie zarządzania odpadami budowlanymi poprzez zastosowanie pewnych ważnych zasad. Badanie to ma również na celu zapewnienie pewnych ram dla rozwoju polityki i zasad w zakresie zarządzania odpadami budowlanymi.

Rozdział 2

PRZEGLĄD LITERATURY

2.1 Przegląd literatury

Odpady budowlane są problemem globalnym i mają negatywny wpływ na ogólne wyniki projektu, jak również na społeczeństwo i przyrodę. Różne kraje przeanalizowały różne sytuacje, o których mowa poniżej:

Powszechną praktyką składowania odpadów budowlanych w wielu krajach na świecie jest składowanie ich na składowiskach lub składowanie na nielegalnych wysypiskach [20]. Przemysł budowlany produkuje duże ilości odpadów fizycznych, równe czterokrotnej produkcji w gospodarstwach domowych i ponad 50% składowanych na składowiskach [21]. Badania pokazują, że od 13% do 26% składowanych odpadów to odpady budowlane. Najnowsze badania, podobnie jak w [22], wskazują, że odpady wytwarzane w Chinach wynoszą około 40%, a w Hiszpanii 39,27 mln ton. W Australii około 20% do 30% odpadów powstaje. W Niemczech i Finlandii odpady budowlane stanowią 15 % składowisk odpadów.

Studium przypadku dotyczące odpadów budowlanych w Malezji wykazało, że ponad 175 tys. ton odpadów wytwarzano rocznie w Kuching, a ponad 100 tys. ton w Samarahan [23]. Tymczasem Faridah i inni (2004) przeprowadzili badania na 30 placach budowy i stwierdzili, że głównymi wytwarzanymi odpadami były beton (12,32%), metal (9,62%), cegła (6,54%), plastik (0,43%), drewno (69,10%) i inne (2%). Malezja boryka się z problemem nielegalnego składowania odpadów, który ostatnio stał się poważniejszy [24]. Wpłynęło to na ekologię namorzynowego bagna. W Malezji istnieje polityka regulacyjna Ministerstwa Mieszkalnictwa i Samorządu Terytorialnego w zakresie gospodarki odpadami, ale nie obejmuje ona w pełni wszystkich aspektów gospodarki odpadami budowlanymi. Tak więc, w celu zmniejszenia i kontroli zanieczyszczeń oraz poprawy stanu środowiska, odpady są interpretowane jako stałe, ciekłe, gazowe i radioaktywne. Według raportu rządu malezyjskiego na około 39,3 % odpadów budowlanych znaleziono łącznie 87 nielegalnych wysypisk [25]. Zarząd ds. Rozwoju Przemysłu Budowlanego i Przedsiębiorstwo Gospodarki Odpadami Stałymi i Oczyszczania Publicznego planują w przyszłości opracować wytyczne dotyczące gospodarowania odpadami budowlanymi [26]. Pokazuje to powagę rządu Malezji.

Krajowa Agencja Środowiska (NEA) w Singapurze ponosi ogólną odpowiedzialność za odpady budowlane i egzekwowanie przepisów dotyczących nielegalnego składowania [27]. Polityka rządu uznała tę kwestię za ważny wskaźnik w przemyśle budowlanym. Ponadto powołano Singapore Green Building Council (SGBC) w celu poprawy sytuacji w przemyśle budowlanym w Singapurze, aby osiągnąć zrównoważony rozwój [28]. Ponadto lokalny przemysł budowlany w Singapurze podjął działania na rzecz poprawy funkcjonowania budownictwa ekologicznego [29].

Rząd Hongkongu wprowadził szereg inicjatyw mających na celu wdrożenie gospodarki odpadami. Inicjatywy te to: rozporządzenie w sprawie unieszkodliwiania odpadów, 10-letni plan redukcji odpadów i zanieczyszczeń, program "Green Manager", ramowy plan redukcji odpadów (WRFP), program "Pay for Safety and Environment" oraz program opłat za unieszkodliwianie odpadów [30]. Ponadto, sektor publiczny włączył zasady zrównoważonego budownictwa do standardowych specyfikacji. Departament Usług Architektonicznych (ASD) oraz Lokalny Wydział Mieszkalnictwa również zmieniły swoje standardowe specyfikacje z elementem środowiskowym [31]. Jednakże wszystkie te inicjatywy nadal nie osiągają celu zrównoważonego rozwoju, ponieważ kwestie nielegalnego wysypywania odpadów są nadal w kraju w alarmującym stadium. Odpady budowlane były nielegalnie składowane w kilku miejscach [21]. W tym przypadku konieczne jest natychmiastowe podjęcie trwałych wysiłków i działań w celu ochrony kraju.

W XXI wieku naukowcy i praktycy na całym świecie stoją w obliczu wyzwań związanych z odpadami budowlanymi. Różne badania w krajach rozwijających się wskazują, że udział odpadów budowlanych w obszarze miejskim ma tendencję do wzrostu [30]. Kilku badaczy i praktyków wskazuje, że odpady powstają na etapie planowania, projektowania, zaopatrzenia i budowy [32] [33] [34].

Badania przeprowadzone w Stanach Zjednoczonych i Europie wykazały, że znaczna ilość odpadów leży w procesach przepływu w budownictwie, jak w [35]. Co więcej, badania przeprowadzone w Sri Lance pokazują również, że pracownicy krajowego przemysłu budowlanego nie znają procesów przepływu, które powodują powstawanie odpadów i ich przyczyn [36]. Co więcej, badacze z Nigerii opisali, że odpady powstają na różnych etapach budowy, które mogą znajdować się na etapie planowania, szacowania lub budowy [32]. Inne problemy, zdaniem badaczy z Singapuru, pojawiają się na etapie projektowania, eksploatacji, zaopatrzenia i obchodzenia się z materiałami, które prowadzą do powstawania odpadów na miejscu budowy [33]. Ponadto, jak wskazano w [34], również zarządzający budową często nie potrafią zidentyfikować lub rozwiązać problemu odpadów w procesie budowy.

Sektor budowlany doświadcza chronicznych problemów, takich jak słabe bezpieczeństwo, gorsze warunki pracy i niewystarczająca jakość, jak w [37]. Ponadto niektórzy badacze jako czynniki wpływające na wydajność w indonezyjskim przemyśle budowlanym wskazali brak materiałów, przeróbki, brak sprzętu i opóźnienia w nadzorze [38]. W Singapurze, podobnie jak w [39], stwierdzono nowe zakupy w celu zastąpienia zmarnowanych materiałów, przeróbki w celu skorygowania błędów, opóźnienia i radzenie sobie z powstałymi odpadami powodują duże straty finansowe dla wykonawcy. Tymczasem badacze stwierdzili, że osiem źródeł odpadów uznano za wystarczająco znaczące [39]. Były to: oczekiwanie ze względu na ingerencję załogi; oczekiwanie ze względu na współdzielenie sprzętu i jego ustawienie; oczekiwanie na instrukcje i inspekcje; przeróbki ze względu na zmianę projektu; oczekiwanie ze względu na problem z zapasami i opóźnienie sprzedawcy materiałów. W Sri Lance badanie pokazuje również, że te warunki doprowadzą do powstania odpadów budowlanych. W badaniu tym odniesiono się do 20 artykułów związanych z odpadami budowlanymi. Na podstawie tych artykułów określono czynniki, które przyczyniły się do powstania odpadów budowlanych, jak podano w tabeli 1.

Mapowanie czynników ma dać wstępne wyobrażenie o tym, co dotychczasowi badacze odkryli na temat czynników, które przyczyniły się do powstania odpadów budowlanych. Ta analiza matrycowa może określić wagę każdego czynnika na podstawie częstotliwości występowania czynników zidentyfikowanych przez dawnych badaczy na całym świecie. Do tego badania wybrano 20 prac naukowych, w których znaleziono 63 czynniki przyczyniające się do powstawania odpadów budowlanych. Czynniki te zostały podzielone na 7 kategorii. Tabela 1 przedstawia czynniki sprawcze zaczerpnięte z artykułów naukowych na całym świecie. Mogą one stanowić wkład do opracowania kwestionariusza w celu określenia znaczenia tych czynników dla środowiska lokalnego. Przyczyny powstawania odpadów budowlanych są ujęte w matrycy i pogrupowane w siedmiu kategoriach: Projektowanie, Obsługa, Robotnik, Zarządzanie, Stan placu budowy, Zaopatrzenie i przyczyny zewnętrzne.

Tabela 2.1: Czynniki powodujące powstawanie odpadów budowlanych. [40]

Grupa	Przyczyny powstawania odpadów budowlanych
Projekt	Częste zmiany konstrukcyjne
	Błędy projektowe
	Niedoświadczony projektant
	Brak informacji o projekcie
	Wymagania klienta w ostatniej chwili
	Słaba jakość projektu
	Błąd w dokumentacji kontraktowej
	Powolny rozkład rysunków
	Interakcja między różnymi specjalistami
	Niekompletna umowa
	Słaba koordynacja części na etapie projektowania
	Skomplikowana konstrukcja

Obsługa	Niewłaściwe przechowywanie materiałów
	Złe obchodzenie się z materiałami
	Uszkodzenia podczas obsługi
	Słaba jakość materiału
	Awaria sprzętu
	Materiał dostarczany w postaci luźnej
	Opóźnienie w dostawie
	Nieefektywne metody rozładunku
	Narzędzia niewłaściwie używane
Pracownicy	Błędy pracowników podczas budowy
	Brak świadomości wśród pracowników
	Niekompetentni pracownicy
	Nienormalne zużycie sprzętu
	Złe nastawienie pracowników
	Inwentaryzacja materiału nie jest dobrze udokumentowana
	Szkody spowodowane przez pracowników
	Robotnik nie ma entuzjazmu
	Niewystarczające szkolenie pracowników
	Słaba jakość wykonania
	Brak doświadczenia
	Niewłaściwe użycie materiałów
	Niedobór wykwalifikowanych pracowników
	Zbyt wiele w czasie wrogów
Zarządzanie	Brak ochrony środowiska
	Niedobór sprzętu
	Brak wpływu wykonawców
	spóźniony przepływ informacji między stronami
	Długi czas trwania projektu
	Słaba jakość informacji
	Brak wiedzy o budownictwie
	Brak koordynacji między stronami
	Brak dostępności sprzętu
	Niewłaściwe metody budowy
	Przestarzały sprzęt
	Słaby nadzór
	Problemy z komunikacją
	Słabe zarządzanie obiektem
	Okresy oczekiwania
	Słaba kontrola
	Problemy z zasobami
	Słabe planowanie

	Brak zarządzania odpadami
	Przepracowanie
Zamówienia publiczne	Niewłaściwa dostawa materiału
	Błędy w składaniu zamówień
	Pozycja niezgodna ze specyfikacją
	Oczekiwanie na wymianę
	Różne metody stosowane do szacowania
	Błąd w wysyłce
	Błędy w badaniach ilościowych
	Częste zlecenia zmiany
	Błędy dostawcy
	Ponad dodatek
Stan terenu	Nieprzewidziane warunki gruntowe
	Trudności w dostępie do placu budowy
	Resztki materiałów na miejscu
	Odpady powstające z opakowań
	Problem z oświetleniem
	Zły stan terenu
	Zatłoczenie terenu
	Ingerencja innych członków załogi na miejscu
Czynnik zewnętrzny	Pilferage
	Wpływ pogody
	Obchody święta
	Wypadki
	Nieprzewidywalne warunki lokalne
	Brak egzekwowania przepisów prawnych
	Wandalizm
	Szkody spowodowane przez osoby trzecie

Rozdział 3

METODOLOGIA

3.1 Metodologia badawcza

Collis i Hussey (2003:60-66), wyrażają opinię, że "jeśli badania mają być prowadzone w sposób efektywny i jak najlepiej wykorzystywać dostępne możliwości i zasoby, muszą być zorganizowane. Ponadto, jeśli mają one zapewnić spójną i logiczną drogę do wiarygodnych wyników, muszą być systematycznie prowadzone z wykorzystaniem odpowiednich metod gromadzenia i analizy danych".

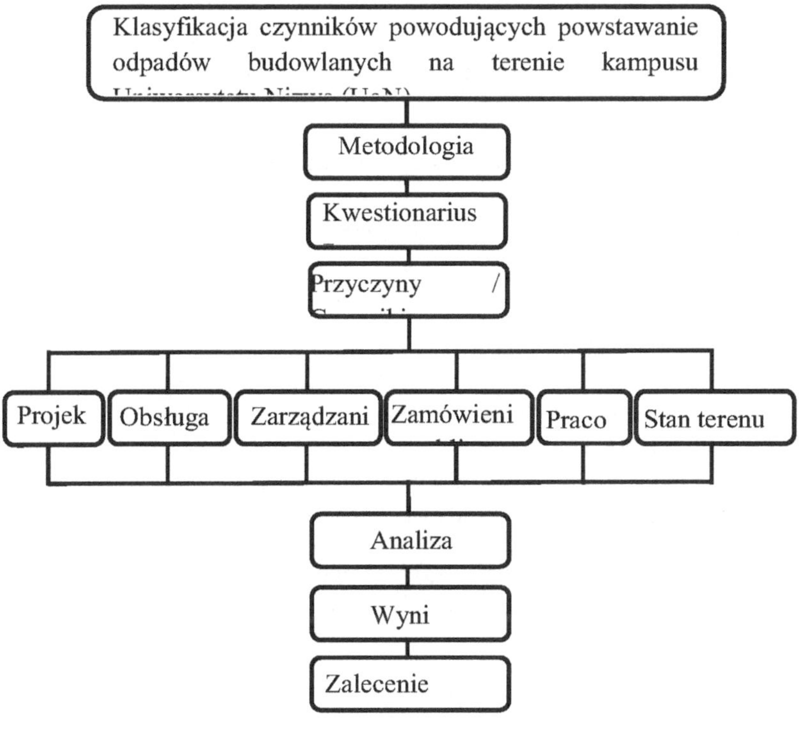

Rysunek 3.1: Metodologia

Istnieje wiele różnych projektów badań, które mogą być wykorzystane w celu uwzględnienia różnych potrzeb i problemów merytorycznych, jeśli problemy te zostaną przewidziane w planowaniu badań (Al-Moghany, 2006; Weisberg i Bowen, 1977). Kwestionariusz strukturalny jest prawdopodobnie najpowszechniej stosowaną techniką zbierania danych do przeprowadzania badań w celu poznania faktów, opinii i poglądów (Naoum, 1998).

W badaniu tym do gromadzenia danych wykorzystano ustrukturyzowany kwestionariusz i wizyty na miejscu. Kwestionariusz wykorzystano również do zebrania szczegółowych informacji o "doświadczeniach i wrażeniach respondentów na temat marnotrawstwa materiałów". Badanie ankietowe zostało również zaadaptowane w celu uzyskania informacji zwrotnych na temat opinii respondentów o marnotrawstwie materiałów budowlanych w Omanie i Królestwie Arabii Saudyjskiej. Ankieta została opracowana zgodnie z następującymi etapami:

- Etap pierwszy: Zidentyfikowanie tematu i ustalenie pewnych celów.
- Etap drugi: Pilotowanie kwestionariusza, aby dowiedzieć się, co ludzie wiedzą i co uważają za ważne kwestie.
- Etap trzeci: Sporządzenie listy obszarów wymagających informacji i dopracowanie celów.
- Etap czwarty: Przegląd odpowiedzi dla pilota.
- Etap piąty: Sfinalizowanie celów.
- Etap szósty: Napiszcie kwestionariusz.
- Etap siódmy: Przefiltrować kwestionariusz.
- Etap ósmy: Sfinalizowanie kwestionariusza.

Projekt badania, który zostanie wykorzystany w tym przypadku, opiera się na metodach ilościowych i jakościowych.

Wizyty na miejscu obejmowały obserwacje, podczas których badacz starał się dowiedzieć, w jaki sposób składowano i obchodzono się z materiałami, a także dostarczyć kompendium na temat materiałów budowlanych generujących duże ilości odpadów, stosowanych w budownictwie.

3.2 Źródła gromadzenia danych

Badanie opierało się zarówno na danych pierwotnych, jak i wtórnych. Na dane pierwotne składały się dane z pierwszej ręki, zebrane przez kandydata za pomocą kwestionariuszy oraz wizyty na miejscu (obserwacja). Dane wtórne uzyskano za pomocą odpowiednich książek, czasopism, magazynów i prac badawczych.

Siedemdziesiąt dwa (72) źródła odpadów budowlanych, takie jak projektowanie, obsługa, zarządzanie, zamówienia, pracownicy i warunki lokalowe, zostały dokładnie zbadane i wydobyte z literatury. [41].

3.3 Gromadzenie danych: Kwestionariusz:

W tym badaniu kwestionariusz został przygotowany w celu uzyskania odpowiedzi. Kwestionariusz podzielony jest na trzy części: biografia, przyczyny powstawania odpadów budowlanych, zalecenia. W pierwszej części ułożone są podstawowe szczegóły odpowiedzi oraz odpady budowlane.

W drugiej części, przyczyny powstawania odpadów budowlanych na podstawie badań literaturowych wymienionych w rozdziale (3.2). W trzeciej części zorganizowano rekomendacje respondenta dotyczące redukcji odpadów budowlanych.

Pytania zostały skonstruowane przy użyciu skali Likerta. Respondenci zostali poproszeni o uszeregowanie w skali 1-5 czynników powodujących powstawanie odpadów materiałowych na budowach, gdzie 1 = "Nieważne", 2 = "Najmniej ważne", 3 = "Ważne", 4 = "Bardzo ważne" i 5 = "Najważniejsze".

Próba kwestionariusza jest załączona w załączniku.

3.4 Analiza danych: Metoda średniej rangi (wskaźnik średni)

Znaczenie tego czynnika jest określane przez Rating & Ranking Average Calculations. Pytania Rating Scale obliczają średnią ważoną na podstawie wagi przypisanej do każdej z wybranych odpowiedzi. Średnia ratingowa jest obliczana w następujący sposób, gdzie:

w = waga wybranej odpowiedzi
x = liczba odpowiedzi do wyboru

$$\text{Średnia wartość rangi} = \frac{\Sigma xw}{\Sigma w}$$

Użyjemy 5-punktowej skali ocen. Wagi przypisane do każdego wyboru odpowiedzi, jak wspomniano powyżej w sekcji (3.3)

W odniesieniu do naszej rangi, która waha się od 1 do 5, średnia wynosi 3, więc czynniki, których ranga jest większa od 3 będą uważane za wpływające na przyczyny powstawania odpadów budowlanych.

Rozdział 4

ANALIZA I WYNIKI

4.1 Istotne przyczyny powstawania odpadów budowlanych

W tej części omówiono istotne przyczyny powstawania odpadów budowlanych na podstawie ankiety połączonej z odpowiedzią klienta, konsultanta i wykonawcy dla każdego pojedynczego projektu.

4.1.1 Projekty Muscat Istotne przyczyny powstawania odpadów budowlanych

Pierwszą demografią tego badania są klastry respondentów. Są to albo wykonawcy lub konsultanci, albo klienci. Rys. 4.1 przedstawia tło respondentów. Stwierdzono, że większość respondentów to konsultanci, 58 %, następnie klienci, 33 %, a najniższy to wykonawca, tylko 8 % ogółu respondentów. Na podstawie wykresu kołowego widać, że w tym badaniu duży wpływ ma pole działania konsultanta.

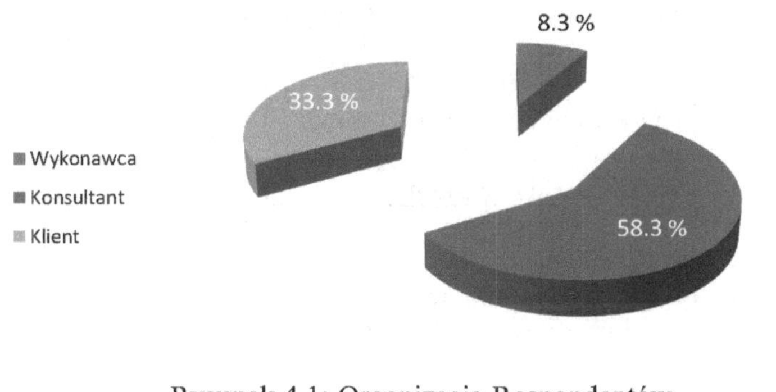

Rysunek 4.1: Organizacja Respondentów dla Projektów Muscat.

Jeśli chodzi o doświadczenie w branży budowlanej, z badania tego wynika, że aż 16,7% respondentów ma od 6 do 10 lat doświadczenia zawodowego, a kolejne 33,3% ma od 11 do 15 lat, a 33,3% od 16 do 20 lat doświadczenia zawodowego. Mniejszościowa grupa respondentów pod względem doświadczenia zawodowego to osoby ze stażem poniżej 5 lat, wynosi 16,7%, tak jak na rys. 4.2.

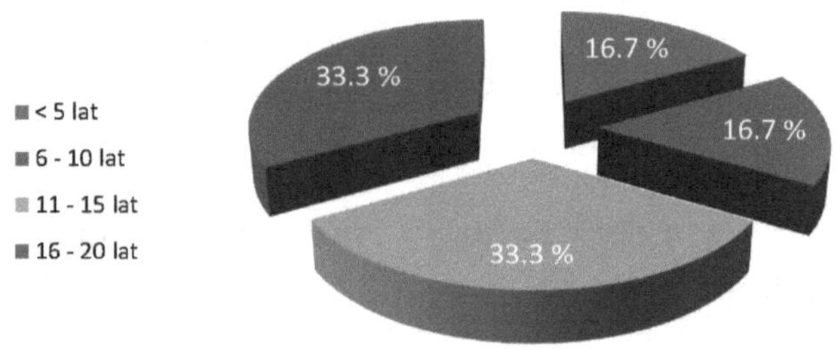

Rys. 4.2 Doświadczenia Respondentów dla projektów Muscat.

Tabela 4.1: Projekty Muscat Istotne przyczyny powstawania odpadów budowlanych

Kategoria	Przyczyny powstawania odpadów budowlanych	Średnia wartość rangi
Projekt	Wymagania klienta w ostatniej chwili	4.17
	Słaba jakość projektu	4.08
Obsługa	Niewłaściwe przechowywanie materiałów	4.33
	Słaba jakość materiału	4.25
	Złe obchodzenie się z materiałami	4.17
Pracownicy	Niekompetentni pracownicy	4.17
	Niedobór wykwalifikowanych pracowników	4.17
	Błędy pracowników podczas budowy	4.17
	Słaba jakość wykonania	4.08
	Szkody spowodowane przez pracowników	4

Zarządzanie	Słabe planowanie	4.58
	Słabe zarządzanie obiektem	4.58
	Problemy z zasobami	4.42
	Słaby nadzór	4.25
	Brak zarządzania odpadami	4.25
	Niewłaściwe metody budowy	4.17
	Brak koordynacji między stronami	4.17
	Słaba kontrola	4
Zamówienia publiczne	Błędy w badaniach ilościowych	4
	Częste zlecenia zmiany	3.67
	Błędy w składaniu zamówień	3.58
Stan terenu	Ingerencja pozostałej załogi na miejscu	3.67
	Zły stan terenu	3.67
	Resztki materiałów na miejscu	3.42
	Zatłoczenie terenu	3.42

Tabela 4.1 przedstawia istotne czynniki powodujące powstawanie odpadów budowlanych, pomiędzy klientem, wykonawcą i konsultantem projektu Muscat. Stwierdzono, że "wymagania klienta w ostatniej chwili" i "niska jakość projektu" są częstymi przyczynami powstawania odpadów fizycznych na etapie projektowania. Chociaż stwierdzono, że "niska jakość materiałów", "niewłaściwe obchodzenie się z materiałami" i "niewłaściwe przechowywanie materiałów" są istotnymi czynnikami w odniesieniu do kategorii przetwarzania. W odniesieniu do kategorii pracowników stwierdzono, że najważniejszymi czynnikami są "niekompetentni pracownicy", "niedobór wykwalifikowanych pracowników", "błędy pracowników podczas budowy", "słaba jakość wykonania" oraz "szkody wyrządzone przez pracowników". Ponadto, złe planowanie, złe zarządzanie budową, słaby nadzór, problemy z zasobami, słaba kontrola, nieodpowiednie metody budowlane, brak zarządzania odpadami, brak koordynacji między stronami to istotne czynniki powodujące powstawanie fizycznych odpadów w kategorii gospodarowania. W odniesieniu do kategorii zamówień publicznych stwierdzono, że czynnikiem wpływającym na to są błędy w badaniach ilościowych, błędy w zamówieniach oraz częste zmiany zamówień. Ostatnią kategorią jest stan terenu budowy, na który wpływ mają odpady

wynikające z ingerencji pozostałej załogi na terenie budowy, zły stan terenu budowy, resztki materiałów na terenie budowy, zatłoczenie terenu budowy. Kategoria czynników zewnętrznych obejmowała czynniki, których nie można kontrolować, a które prowadzą do powstawania odpadów fizycznych i niefizycznych. Wpływ pogody staje się najbardziej dominującym i wpływowym czynnikiem przyczyniającym się do powstawania odpadów budowlanych. Deszcze psują wiele materiałów budowlanych na miejscu budowy, np. mokry beton rozcieńczony, a stalowe pręty rdzewieją. Poza tym, jeśli gorące słońce z wysoką temperaturą również stwarza problemy, na przykład szybko twardnieje mokry beton przed użyciem, a to kończy się jako fizyczne odpady na miejscu budowy.

4.1.2 Projekty Nizwa Istotne przyczyny powstawania odpadów budowlanych

Na rys. 4.3 przedstawiono pochodzenie respondentów. Stwierdzono, że większość respondentów to wykonawcy, 50 %, następnie klienci, 38,9 %, a najniższy to konsultant, 11,1 % ogółu respondentów.

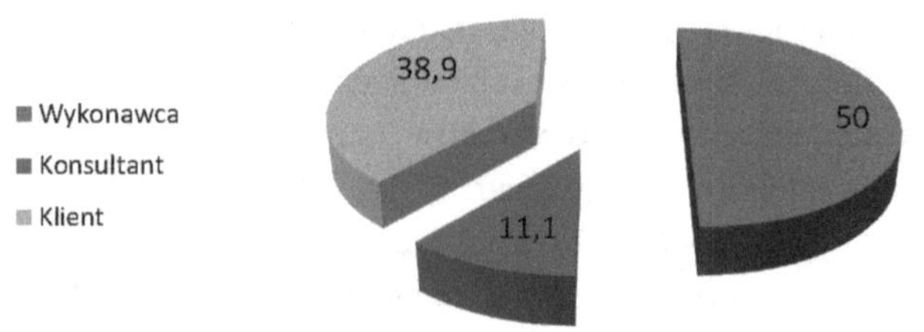

Rysunek 4.3: Organizacja Respondentów dla projektów

Jeśli chodzi o doświadczenie w branży budowlanej, z badania tego wynika, że respondenci ze stażem pracy od 6 do 10 lat, od 11 do 15 lat i mniej niż 5 lat to 22,2%, a 33,3% to respondenci ze stażem pracy od 11 do 15 lat. Rys. 4.4.

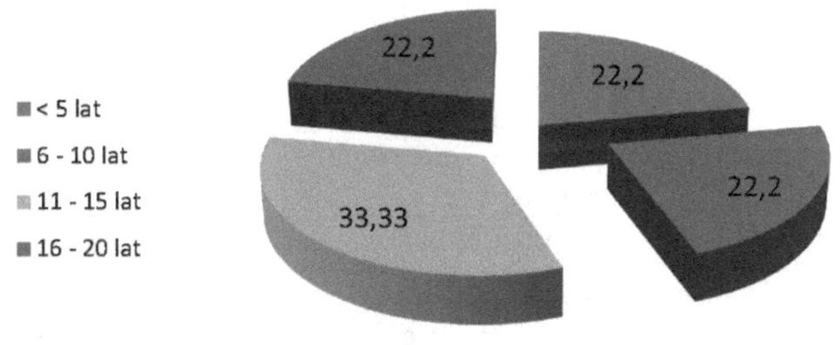

Rys. 4.4 Doświadczenia respondentów dla projektów Nizwa.

Tabela 4.2: Projekty Nizwa Istotne przyczyny powstawania odpadów budowlanych

Kategoria	Przyczyny powstawania odpadów budowlanych	Średnia wartość rangi
Projekt	Częste zmiany konstrukcyjne	4.11
	Błędy projektowe	3.66
Obsługa	Niewłaściwe przechowywanie materiałów	4.11
	Słaba jakość materiału	4
Pracownicy	Brak świadomości	3.66
	Niewystarczające szkolenie pracowników	3.6
Zarządzanie	Słabe zarządzanie obiektem	4.16
	Długi czas trwania projektu	4.11
	Słaby nadzór	4.11
Zamówienia publiczne	Częste zlecenia zmiany	3.5
	Błędy w badaniach ilościowych	3.27
Stan terenu	Nieprzewidziane warunki gruntowe	4.55
	Odpady powstające z opakowań	3.7

Tabela 4.2 przedstawia istotne czynniki powodujące powstawanie odpadów budowlanych, pomiędzy klientem, wykonawcą i konsultantem projektu Nizwa. Stwierdzono, że częste zmiany projektowe i brak doświadczenia projektanta są częstymi przyczynami powstawania odpadów fizycznych na etapie projektowania. Stwierdzono jednak, że niska jakość materiałów, złe obchodzenie się z nimi i niewłaściwe przechowywanie materiałów są istotnymi czynnikami w odniesieniu do kategorii obsługi. W odniesieniu do kategorii pracowników stwierdzono, że najistotniejsze czynniki to złe nastawienie pracowników, niewystarczające szkolenie pracowników i brak entuzjazmu

pracowników. Ponadto, słaby nadzór, złe zarządzanie budową, okresy oczekiwania, spóźniony przepływ informacji pomiędzy stronami, złe planowanie, przeróbki i długi czas trwania projektu są istotnymi czynnikami powodującymi fizyczne marnotrawstwo w kategorii zarządzania. W odniesieniu do kategorii zamówień publicznych stwierdzono, że czynniki te mają wpływ na różne metody szacowania i częste zmiany zamówień. Ostatnią kategorią jest stan placu budowy, na który wpływ mają odpady powstałe w wyniku pakowania, nieprzewidziany stan gruntu, resztki materiałów na placu budowy, trudności w dostępie do placu budowy oraz zły stan placu budowy.

4.1.3 Projekty KSA Istotne przyczyny powstawania odpadów budowlanych

Na rys. 4.5 przedstawiono pochodzenie respondentów. Stwierdzono, że większość respondentów to konsultanci, 72,72 %, następnie wykonawcy, 18,18 %, a najniższy to klient, 9,1 % ogółu respondentów.

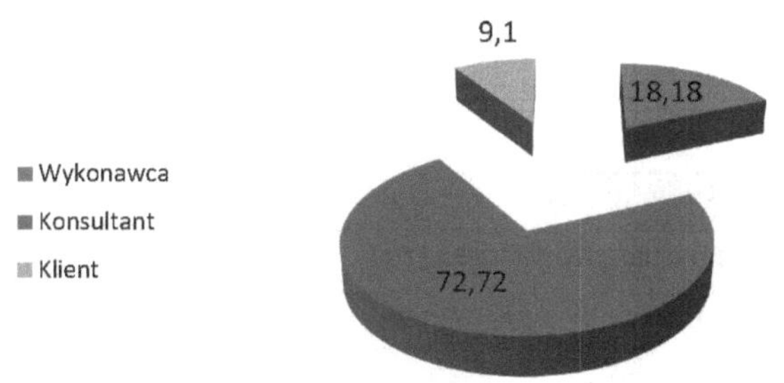

Rysunek 4.5. Organizacja respondentów dla projektów KSA

Jeśli chodzi o doświadczenie w branży budowlanej, z badania tego wynika, że większość respondentów, którzy mieli od 11 do 15 lat doświadczenia zawodowego, to 90%, a następnie 10%, którzy mieli od 6 do 10 lat doświadczenia zawodowego. Rys. 4.6.

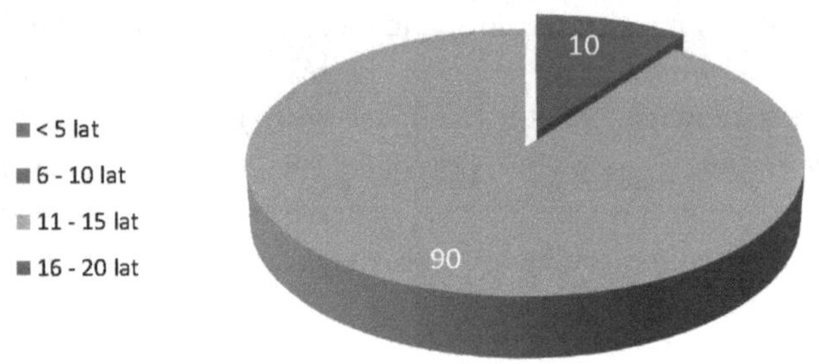

Rys. 4.6 Doświadczenia respondentów w projektach KSA.

Tabela 4.3: Projekty KSA Istotne przyczyny powstawania odpadów budowlanych

Kategoria	Przyczyny powstawania odpadów budowlanych	Średnia wartość rangi
Projekt	Błędy projektowe	3.8
	Niedoświadczony projektant	3.8
	Częste zmiany konstrukcyjne	3.7
	Brak informacji o projekcie	3.7
Obsługa	Złe obchodzenie się z materiałami	4.4
	Niewłaściwe przechowywanie materiałów	3.8
Pracownicy	Brak świadomości	3.7
	Złe nastawienie pracowników	3.7
Zarządzanie	Słabe zarządzanie obiektem	4.2
	Słaby nadzór	4
Zamówienia publiczne	Niewłaściwa dostawa materiału	3.7
	Błędy w składaniu zamówień	3.7

	Pozycja niezgodna ze specyfikacją	3.7
Stan terenu	Zły stan terenu	3.8
	Zatłoczenie terenu	3.7

Tabela 4.3 przedstawia istotne czynniki powodujące powstawanie odpadów budowlanych, pomiędzy klientem, wykonawcą i konsultantem projektów KSA. Stwierdzono, że brak doświadczenia projektanta, błędy projektowe i częste zmiany w projekcie są częstymi przyczynami powstawania odpadów fizycznych na etapie projektowania. Stwierdzono jednak, że niska jakość materiałów, uszkodzenia podczas przeładunku, niewłaściwe obchodzenie się z materiałami i niewłaściwe przechowywanie materiałów są istotnymi czynnikami w odniesieniu do kategorii przeładunku. W odniesieniu do kategorii pracowników stwierdzono, że najistotniejsze czynniki to: zbyt duża liczba nieprzyjacieli, błędy pracowników podczas budowy, złe wykonawstwo, złe nastawienie pracowników i brak świadomości. Ponadto, złe zarządzanie budową jest częstym istotnym czynnikiem powodującym powstawanie fizycznych odpadów w kategorii zarządzania. W odniesieniu do kategorii zamówień publicznych stwierdzono, że błędy przy zamawianiu, niezgodność pozycji ze specyfikacją, niewłaściwa dostawa materiałów i oczekiwanie na wymianę to czynniki wpływające na ten stan rzeczy. Ostatnią kategorią jest stan placu budowy, na który ma wpływ - ogólnie rzecz biorąc - zły stan placu budowy.

4.2 Porównanie istotnych czynników powodujących powstawanie odpadów budowlanych na podstawie źródła

W tej części omówiono istotne przyczyny powstawania odpadów budowlanych w oparciu o badanie źródeł odpadów budowlanych połączone z odpowiedzią klienta, konsultanta, wykonawcy dla każdego projektu Muscat, Nizwa i KSA.

4.2.1 Konstrukcja

W tej kategorii znajduje się 12 czynników, które przyczyniają się do fizycznego wytwarzania odpadów budowlanych. W projekcie Muscat stwierdzono, że "wymagania klienta w ostatniej chwili" i "niska jakość projektu" są częstymi przyczynami powstawania fizycznych odpadów na etapie projektowania. W projektach Nizwa stwierdzono, że "Częste zmiany projektowe" są istotną przyczyną oprócz "Błędów projektowych". W projektach KSA ustalono, że "Błędy projektowe", "Błędy projektowe", "Częste zmiany projektowe" oraz "Brak informacji projektowych" są częstymi przyczynami powstawania odpadów fizycznych. Kwestia ta jest główną przyczyną powstawania dużej ilości odpadów fizycznych, takich jak beton, cegły, bloki i stalowe pręty.

Tabela 4.4: Projekty Istotne przyczyny powstawania odpadów budowlanych w kategorii "Projekt

Kategoria	Lokalizacja	Najważniejsze przyczyny	Wartość krytyczna
Projekt	Projekty Muscat	Wymagania klienta w ostatniej chwili	4.17
		Słaba jakość projektu	4.08
	Projekt Nizwa	Częste zmiany konstrukcyjne	4.11
		Błędy projektowe	3.66
	Projekty KSA	Błędy projektowe	3.8
		Niedoświadczony projektant	3.8
		Częste zmiany konstrukcyjne	3.7
		Brak informacji o projekcie	3.7

4.2.2 Obsługa

W kategorii obsługi, związanej z projektami Muscat, "Złe przechowywanie materiałów" staje się kluczowym czynnikiem dla wytwarzania odpadów fizycznych, następnie "Zła jakość materiałów" i "Zła obsługa materiałów" stają się kolejnymi. W przypadku projektów Nizwa stwierdzono, że "niewłaściwe przechowywanie materiałów" i "zła jakość materiałów" w odniesieniu do wytwarzania odpadów fizycznych to agresywne obchodzenie się z cegłami i blokami podczas budowy, które prowadzi do pęknięć i zepsucia. W projektach KSA stwierdzono, że "złe obchodzenie się z materiałami" i "niewłaściwe magazynowanie materiałów" jako istotne czynniki powodujące powstawanie fizycznych odpadów budowlanych. Poza tym, odpady fizyczne pojawiają się z powodu niewłaściwej strategii ochrony stosowanej podczas składowania materiałów. Na przykład cementy niewłaściwie składowane pod mostem lub składowane na otwartej przestrzeni. Powoduje to narażenie materiałów na działanie wilgoci i deszczu. Bez właściwego składowania, również te materiały kończą się jako odpady fizyczne [45].

Tabela 4.5: Projekty Istotne przyczyny powstawania odpadów budowlanych w kategorii "Przetwarzanie".

Kategoria	Lokalizacja	Najważniejsze przyczyny	Wartość krytyczna
Obsługa	Projekty Muscat	Niewłaściwe przechowywanie materiałów	4.33
		Słaba jakość materiału	4.25
		Złe obchodzenie się z materiałami	4.17
	Projekt Nizwa	Niewłaściwe przechowywanie materiałów	4.11
		Słaba jakość materiału	4
	Projekty KSA	Złe obchodzenie się z materiałami	4.4
		Niewłaściwe przechowywanie materiałów	3.8

4.2.3 Pracownicy

Najwyższy wynik w projektach Muscat w kategoriach "Niekompetentni pracownicy", "Brak wykwalifikowanych pracowników" i "Błędy pracowników podczas budowy". W projektach Nizwa stwierdzono, że "Brak świadomości" i "Niewystarczające szkolenie pracowników" są istotnymi przyczynami powstawania odpadów fizycznych. W projektach KSA "Brak świadomości" i "Złe nastawienie pracowników" zazwyczaj popełniają więcej błędów z powodu braku umiejętności i złej postawy w pracy. Na przykład większość pracowników nie czyta schematu lub rysunku. Błędy te obejmują niewłaściwie przyciętą lub zmontowaną ramę ścienną. Jednocześnie błędy podczas betonowania mogą spowodować konieczność ponownej pracy. Te niewłaściwe prace muszą być naprawione i czasochłonne. Poza tym, błędna obsługa urządzeń może spowodować ich uszkodzenie. Przyczyni się to do nagłego przerwania pracy i przekroczenia kosztów projektu. Czas oczekiwania na powrót sprzętu lub maszyny prowadzi do opóźnienia. W ten sposób błędy pracowników mogą generować duże ilości fizycznych i niefizycznych odpadów. Można tego uniknąć, wybierając doświadczonych lub przeszkolonych pracowników do prac na budowie.

Tabela 4.6: Projekty Istotne przyczyny powstawania odpadów budowlanych w kategorii "pracownicy".

Kategoria	Lokalizacja	Najważniejsze przyczyny	Wartość krytyczna
Pracownicy	Projekty Muscat	Niekompetentni pracownicy	4.17
		Niedobór wykwalifikowanych pracowników	4.17
		Błędy pracowników podczas budowy	4.17
	Projekt Nizwa	Brak świadomości	3.66
		Niewystarczające szkolenie pracowników	3.6
	Projekty KSA	Brak świadomości	3.7
		Złe nastawienie pracowników	3.7

4.2.4 Zarządzanie

Zarządzanie wiąże się z największą liczbą czynników, które składają się na 19 czynników. Najwyższy wynik w tej kategorii to "Słabe planowanie" i "Słabe zarządzanie obiektem" związane z projektami Muscat. W projekcie Nizwa stwierdzono, że "Słabe zarządzanie obiektem", "Długi czas trwania projektu" i "Słaby nadzór" są istotnymi przyczynami fizycznego wytwarzania odpadów. W odniesieniu do projektów KSA ustalono, że "Słabe zarządzanie obiektem" i "Słaby nadzór" są istotnymi przyczynami powstawania odpadów fizycznych. Bez szczegółowego zaplanowania procesu budowy, obiektów wymaganych i składowisk materiałów może dojść do wytwarzania odpadów fizycznych. Na przykład na etapie planowania w trakcie przeglądu wymogu dotyczącego dostaw materiałów i specyfikacji projektów może pomóc w ograniczeniu ilości odpadów [46].

Tabela 4.7: Projekty Istotne przyczyny powstawania odpadów budowlanych w kategorii "Gospodarka".

Kategoria	Lokalizacja	Najważniejsze przyczyny	Wartość krytyczna
Zarządzanie	Projekty Muscat	Słabe planowanie	4.58
		Słabe zarządzanie obiektem	4.58
	Projekt Nizwa	Słabe zarządzanie obiektem	4.16
		Długi czas trwania projektu	4.11
		Słaby nadzór	4.11
	Projekty KSA	Słabe zarządzanie obiektem	4.2
		Słaby nadzór	4

4.2.5 Zamówienia

W tej kategorii "Błędy w badaniach ilościowych", "Częste zamówienia wariacyjne" i "Błędy w zamówieniach" zdobywają najwyższe noty w projektach Muscat. W projekcie Nizwa najważniejszymi czynnikami powodującymi powstawanie odpadów fizycznych są "Zamówienia częstych zmian" i "Błędy w badaniach ilościowych". W projektach KSA "Błędy w dostawie materiałów", "Błędy w składaniu zamówień" i "Błędy w zgodności ze specyfikacją" uzyskały najwyższe oceny w zakresie wytwarzania odpadów fizycznych. Przykładem odpadów generowanych ponad błędy w badaniach ilościowych są nadmierne zamówienia cegieł i mieszanek betonowych, które kończą się jako odpady. Zdarza się, że złe zamówienie materiału bez szczegółów specyfikacji i niskiej jakości materiałów również powoduje powstawanie odpadów fizycznych [47]. Zły współczynnik uporządkowania generuje również odpady niefizyczne. Występują niedobory materiałów podczas prac budowlanych, które mogą prowadzić do wstrzymania prac. Innym przykładem jest brak premiksu betonowego w robotach betoniarskich, który może również powodować opóźnienia w czasie składania zamówień. Dlatego też zamawianie wystarczającej ilości materiałów budowlanych odgrywa ważną rolę i przyczynia się do zmniejszenia ilości odpadów fizycznych i niefizycznych podczas prac budowlanych.

Tabela 4.8: Projekty Istotne przyczyny powstawania odpadów budowlanych w kategorii "Zamówienia".

Kategoria	Lokalizacja	Najważniejsze przyczyny	Wartość krytyczna
Zamówienia publiczne	Projekty Muscat	Błędy w badaniach ilościowych	4
		Częste zlecenia zmiany	3.67
		Błędy w składaniu zamówień	3.58
	Projekt Nizwa	Częste zlecenia zmiany	3.5
		Błędy w badaniach ilościowych	3.27
	Projekty KSA	Niewłaściwa dostawa materiału	3.7
		Błędy w składaniu zamówień	3.7
		Pozycja niezgodna ze specyfikacją	3.7

4.2.6 Stan zakładu

W projektach Muscat stwierdzono, że "Ingerencja pozostałej załogi na terenie obiektu" i "Zły stan obiektu" są głównymi czynnikami przyczyniającymi się do powstawania odpadów fizycznych. W projekcie Nizwa "Nieprzewidziane warunki gruntowe" i "Odpady pochodzące z opakowań" uzyskały najwyższe wyniki w zakresie wytwarzania odpadów. W projektach KSA stwierdzono, że "Zły stan terenu" i "Zatłoczenie terenu" są istotnymi czynnikami powodującymi powstawanie odpadów fizycznych.

Tabela 4.9: Projekty Istotne przyczyny powstawania odpadów budowlanych w kategorii "Stan terenu budowy

Kategoria	Lokalizacja	Najważniejsze przyczyny	Wartość krytyczna
Stan terenu	Projekty Muscat	Ingerencja pozostałej załogi na miejscu	3.67
		Zły stan terenu	3.67
	Projekt Nizwa	Nieprzewidziane warunki gruntowe	4.55

		Odpady powstające z opakowań	3.7
	Projekty KSA	Zły stan terenu	3.8
		Zatłoczenie terenu	3.7

4.2.7 Czynnik zewnętrzny

Kategoria czynników zewnętrznych obejmowała czynniki, których nie da się kontrolować, a które prowadzą do powstawania fizycznych i niefizycznych odpadów. Wpływ pogody staje się najbardziej dominującym i wpływowym czynnikiem przyczyniającym się do powstawania odpadów budowlanych. Deszcze psują wiele materiałów budowlanych na miejscu, np. mokry beton rozcieńczony, a stalowe pręty rdzewieją. Poza tym, jeśli gorące słońce z wysoką temperaturą również stwarza problemy, na przykład szybko twardnieje mokry beton przed użyciem, a to kończy się jako fizyczne odpady na miejscu budowy.

4.3 Porównanie istotnych czynników powodujących powstawanie odpadów budowlanych w oparciu o Klienta, Wykonawcę i Konsultanta

W tej sekcji dokonano porównania przyczyn powstawania odpadów budowlanych na podstawie odpowiedzi klienta, konsultanta i wykonawcy na podstawie badań ankietowych dla każdego pojedynczego projektu.

4.3.1 Projekty Muscat

W źródle projektowym opartym na kliencie "In-experience designer" jest uważany za główną przyczynę powstawania odpadów budowlanych, jednak odpowiedzią konsultanta jest czynnik "last minute client requirement" powodujący powstawanie odpadów budowlanych.

W postępowaniu z odpadami budowlanymi przyczyną ich powstania jest "Zła obsługa materiałowa", a odpowiedź konsultanta jest również uzgadniana z klientem.

W źródłach pracowników opartych na odpowiedziach klientów "Błędy pracowników podczas budowy" i "Pracownicy niekompetentni" są uważane za główną przyczynę powstawania odpadów budowlanych, jednak odpowiedzi konsultantów, że "niedobór wykwalifikowanych pracowników", "Pracownicy niekompetentni" i "Złe nastawienie pracowników" są czynnikami powodującymi powstawanie odpadów budowlanych.

W źródłach zarządzania opartych na odpowiedzi klienta "Brak zarządzania odpadami", "Złe zarządzanie terenem" i "Brak koordynacji między stronami" są uważane za główną przyczynę powstawania odpadów budowlanych, jednakże odpowiedź konsultanta, że czynnik "Zły nadzór" powoduje powstawanie odpadów budowlanych

W źródle zaopatrzenia w oparciu o odpowiedź klienta "Błędy w badaniach ilościowych" i odpowiedź konsultanta również uzgodnione z klientem.

W oparciu o reakcję klienta "Odpady powstałe w wyniku pakowania" i "Ingerencja innych członków załogi na terenie zakładu" są uważane za główną przyczynę powstawania odpadów budowlanych, jednak reakcja konsultantów, którzy również "Ingerencja innych członków załogi na terenie zakładu" i "Zły stan zakładu" są czynnikami powodującymi powstawanie odpadów budowlanych.

Tabela 4.10: Porównanie istotnych przyczyn powstawania odpadów budowlanych w projektach Muscat w oparciu o Reakcję Klienta i Wykonawcy

Respondent	Kategoria	Najważniejsze przyczyny	Wartość krytyczna
Klient	Projekt	Niedoświadczony projektant	4.33
	Obsługa	Złe obchodzenie się z materiałami	5
	Pracownicy	Błędy pracowników podczas budowy	4.67
		Niekompetentni pracownicy	4.67
	Zarządzanie	Brak zarządzania odpadami	5

		Słabe zarządzanie obiektem	5
		Brak koordynacji między stronami	5
	Zamówienia publiczne	Błędy w badaniach ilościowych	4.33
	Stan terenu	Odpady powstające z opakowań	3.67
		Ingerencja innych członków załogi na miejscu	3.67
Konsultant	Projekt	Wymagania klienta w ostatniej chwili	4.25
	Obsługa	Słaba jakość materiału	4.125
	Pracownicy	Niedobór wykwalifikowanych pracowników	4.25
		Niekompetentni pracownicy	4.25
		Złe nastawienie pracowników	4.25
	Zarządzanie	Słaby nadzór	4.5
	Zamówienia publiczne	Błędy w badaniach ilościowych	4.125
	Stan terenu	Ingerencja pozostałej załogi na miejscu	3.75
		Zły stan terenu	3.75

4.3.2 Projekt Nizwa

W źródłach projektowych opartych na kliencie "Częste zmiany projektowe" i "Niedoświadczony projektant" są uważane za główną przyczynę powstawania odpadów budowlanych, jednak wykonawca i konsultant zgodzili się z odpowiedzią klienta, że "Częste zmiany projektowe" są czynnikiem powodującym powstawanie odpadów budowlanych.

W postępowaniu z odpadami budowlanymi, w oparciu o reakcję klienta, przyczyną ich powstania jest "Niewłaściwe przechowywanie materiałów" i "Niska jakość materiałów", a wykonawca uzgodnił z klientem, że czynnikiem powodującym powstawanie odpadów budowlanych jest "Niewłaściwe przechowywanie materiałów". Jednak w oparciu o odpowiedź konsultanta przyczyną powstawania odpadów budowlanych są czynniki "Niewłaściwe przechowywanie materiałów" i "Niewłaściwa obróbka materiału" powodujące powstawanie odpadów budowlanych.

W źródłach pracowników opartych na odpowiedziach klientów "Brak entuzjazmu pracowników" i "Niewystarczające szkolenie pracowników" są uważane za główną przyczynę powstawania odpadów budowlanych, jednak odpowiedź wykonawcy, że "Złe postawy pracowników" i "Słaba jakość wykonania" są czynnikami powodującymi powstawanie odpadów budowlanych. W oparciu o reakcję konsultantów za główną przyczynę powstawania odpadów budowlanych uznaje się "Złe nastawienie pracowników" i "Brak świadomości" jako czynniki powodujące powstawanie odpadów budowlanych.

W źródłach zarządzania opartych na odpowiedzi klienta "Spóźniony przepływ informacji między stronami", "Słabe zarządzanie terenem" i "Okresy oczekiwania" są uważane za główną przyczynę powstawania odpadów budowlanych, jednakże odpowiedź wykonawcy, że "Słabe zarządzanie terenem", "Słabe planowanie" i "Ponowne wykonywanie prac" są czynnikami powodującymi powstawanie odpadów budowlanych. W oparciu o odpowiedź konsultanta przyczyną powstawania odpadów budowlanych są "Długi czas trwania projektu" i "Słaby nadzór".

W źródłach zamówień opartych na odpowiedzi klienta za główną przyczynę powstawania odpadów budowlanych uznaje się "Różne metody stosowane do szacowania", jednak wykonawcy i konsultanci są zgodni co do tego, że czynnikiem powodującym powstawanie odpadów budowlanych jest "Częste zmiany zamówień".

W oparciu o odpowiedź klienta "Nieprzewidziane warunki gruntowe" i "Odpady opakowaniowe" są uważane za główną przyczynę powstawania odpadów budowlanych, natomiast odpowiedź wykonawcy, że "Utrudniony dostęp do terenu budowy", "Pozostałości na terenie budowy" i "Zły stan terenu budowy" są czynnikami powodującymi powstawanie odpadów budowlanych. Na podstawie odpowiedzi konsultanta stwierdzono, że "Utrudniony dostęp do terenu budowy" i "Zły stan terenu budowy" są czynnikami powodującymi powstawanie odpadów budowlanych.

Tabela 4.11: Porównanie istotnych przyczyn powstawania odpadów budowlanych w projektach Nizwy na podstawie odpowiedzi Klienta, Konsultanta i Wykonawcy.

Respondent	Kategoria	Najważniejsze przyczyny	Wartość krytyczna
Klient	Projekt	Częste zmiany konstrukcyjne	3.43
		Niedoświadczony projektant	3.43
	Obsługa	Niewłaściwe przechowywanie materiałów	3.57
		Słaba jakość materiału	3.57
	Pracownicy	Robotnik nie ma entuzjazmu	3.86
		Niewystarczające szkolenie pracowników	3.86
	Zarządzanie	Opóźniony przepływ informacji między stronami	3.7
		Słabe zarządzanie obiektem	3.7
		Okresy oczekiwania	3.7
	Zamówienia publiczne	Różne metody stosowane do szacowania	3.7
	Stan terenu	Nieprzewidziany stan gruntu	3.7
		Odpady powstające z opakowań	3.7
Wykonawca	Projekt	Częste zmiany konstrukcyjne	4.44
	Obsługa	Niewłaściwe przechowywanie materiałów	4.56

	Pracownicy	Złe nastawienie pracowników	3.89
		Słaba jakość wykonania	3.89
	Zarządzanie	Słabe zarządzanie obiektem	4.44
		Słabe planowanie	4.44
		Przepracowanie	4.44
	Zamówienia publiczne	Częste zlecenia zmiany	3.67
	Stan terenu	Trudności w dostępie do placu budowy	4
		Resztki materiałów na miejscu	4
		Zły stan terenu	4
Konsultant	Projekt	Częste zmiany konstrukcyjne	5
	Obsługa	Niewłaściwe przechowywanie materiałów	4
		Złe obchodzenie się z materiałami	4
	Pracownicy	Złe nastawienie pracowników	4
		Brak świadomości	4
	Zarządzanie	Długi czas trwania projektu	5
		Słaby nadzór	5
	Zamówienia publiczne	Częste zlecenia zmiany	3.5
	Stan terenu	Trudności w dostępie do placu budowy	3
		Zły stan terenu	3

4.3.3 Projekty KSA

W źródle projektu opartym na kliencie "Błędy projektowe" są uważane za główną przyczynę powstawania odpadów budowlanych, jednak wykonawca odpowiada, że "Częste zmiany projektowe", "Błędy projektowe" i "Brak doświadczenia projektanta" są czynnikami powodującymi powstawanie odpadów budowlanych. W odpowiedzi konsultant zgodził się z wykonawcą, że "Niedoświadczony projektant" to czynniki powodujące powstawanie odpadów budowlanych.

W postępowaniu z odpadami budowlanymi, w oparciu o reakcję klienta, przyczyną powstawania odpadów budowlanych są "Uszkodzenia w trakcie postępowania z odpadami" i "Zła jakość materiału", jednak wykonawca odpowiada, że "Złe przechowywanie materiału" i "Zła jakość materiału" są czynnikami powodującymi powstawanie odpadów budowlanych. W oparciu o odpowiedź konsultanta przyczyną powstania odpadów budowlanych jest "Niewłaściwe magazynowanie materiału" oraz "Zła jakość materiału" powodująca powstawanie odpadów budowlanych.

W źródłach pracowników opartych na odpowiedzi klienta "Zbyt wiele z czasem wróg", "Błędy pracowników podczas budowy", "Słabe wykonawstwo" i "Złe nastawienie pracowników" są uważane za główną przyczynę powstawania odpadów budowlanych, jednak w odpowiedzi wykonawcy i konsultanta uznano, że czynnikiem powodującym powstawanie odpadów budowlanych jest "brak świadomości".

W źródłach zarządzania opartych na odpowiedzi klienta "Brak wiedzy o budowie", "Brak koordynacji między stronami", "Niewłaściwe metody budowlane", "Słaby nadzór", "Problemy z komunikacją", "Słabe zarządzanie budową" i "Słaba kontrola" są uważane za główną przyczynę powstawania odpadów budowlanych, jednak odpowiedź wykonawcy, że "Brak koordynacji między stronami", "Słabe zarządzanie budową", "Słabe planowanie", "Brak zarządzania odpadami" i "Przeróbka" są czynnikami powodującymi powstawanie odpadów budowlanych. W oparciu o odpowiedź konsultanta przyczyną powstawania odpadów budowlanych jest "złe zarządzanie terenem".

W źródle zaopatrzenia w oparciu o odpowiedź klienta "Nieprawidłowa dostawa materiału" i "Oczekiwanie na wymianę" są uważane za główną przyczynę powstawania odpadów budowlanych, jednak wykonawca odpowiada, że czynnik "Błędy w zamówieniu" powodują powstawanie odpadów budowlanych. Na podstawie odpowiedzi konsultanta "Błędy w składaniu zamówienia" i "Niezgodność pozycji ze specyfikacją" są czynnikami powodującymi powstawanie odpadów budowlanych.

W oparciu o odpowiedź klienta "Nieprzewidziane warunki gruntowe" i "Utrudniony dostęp do terenu budowy" są uważane za główną przyczynę powstawania odpadów budowlanych, natomiast odpowiedź wykonawcy, że "Zły stan terenu budowy" i "Zatłoczenie terenu budowy" są czynnikami powodującymi powstawanie odpadów budowlanych. W oparciu o odpowiedź konsultanta, że "Zły stan terenu budowy" i "Zły stan terenu budowy" są czynnikami powodującymi powstawanie odpadów budowlanych.

Tabela 4.12: Porównanie Istotnych Przyczyn powstawania odpadów budowlanych w projektach KSA na podstawie Reakcji Klienta, Konsultanta i Wykonawcy

Respondent	Kategoria	Najważniejsze przyczyny	Wartość krytyczna
Klient	Projekt	Błędy projektowe	5
	Obsługa	Uszkodzenia podczas obsługi	4
		Słaba jakość materiału	4
	Pracownicy	Zbyt wiele w czasie wrogów	4
		Błędy pracowników podczas budowy	4
		Słaba jakość wykonania	4
		Złe nastawienie pracowników	4
	Zarządzanie	Brak wiedzy o budownictwie	4
		Brak koordynacji między stronami	4
		Niewłaściwe metody budowy	4
		Słaby nadzór	4
		Problemy z komunikacją	4
		Słabe zarządzanie obiektem	4
		Słaba kontrola	4

	Zamówienia publiczne	Niewłaściwa dostawa materiału	4
		Oczekiwanie na wymianę	4
	Stan terenu	Nieprzewidziany stan gruntu	4
		Trudności w dostępie do placu budowy	4
		Problem z oświetleniem	4
		Zły stan terenu	4
Wykonawca	Projekt	Częste zmiany konstrukcyjne	4.5
		Błędy projektowe	4.5
		Niedoświadczony projektant	4.5
	Obsługa	Niewłaściwe przechowywanie materiałów	4.5
		Słaba jakość materiału	4.5
	Pracownicy	Brak świadomości	4
	Zarządzanie	Brak koordynacji między stronami	4.5
		Słabe zarządzanie obiektem	4.5
		Słabe planowanie	4.5
		Brak zarządzania odpadami	4.5
		Przepracowanie	4.5
	Zamówienia publiczne	Błędy w składaniu zamówień	4.5
	Stan terenu	Zły stan terenu	4
		Zatłoczenie terenu	4
Konsultant	Projekt	Niedoświadczony projektant	3.87
	Obsługa	Niewłaściwe przechowywanie materiałów	3.87
	Pracownicy	Brak świadomości	3.75
	Zarządzanie	Słabe zarządzanie obiektem	4.12
	Zamówienia publiczne	Błędy w składaniu zamówień	3.87
		Pozycja niezgodna ze specyfikacją	3.87
	Stan terenu	Zatłoczenie terenu	3.87
		Zły stan terenu	3.87

4.4 Porównanie istotnych czynników powodujących powstawanie odpadów budowlanych na bazie Klienta, Konsultanta i Wykonawcy w każdym projekcie

W tej części omówiono istotne przyczyny powstawania odpadów budowlanych w oparciu o badanie źródeł odpadów budowlanych połączone z odpowiedzią klienta, konsultanta, wykonawcy dla każdego projektu Muscat, Nizwa i KSA.

4.4.1 Konstrukcja

Związany z klientem, w projektach Muscat 'Inexperience designer' uzyskał najwyższą ocenę jako czynnik powodujący fizyczne marnotrawstwo. Ale w projekcie Nizwa "Częste zmiany projektowe" i "Niedoświadczony projektant" to czynniki powodujące fizyczne marnotrawstwo. W projektach KSA "Błędy projektowe" są istotnym czynnikiem powodującym powstawanie odpadów fizycznych.

W odniesieniu do wykonawcy, w projekcie Nizwa "Częste zmiany projektowe" jest czynnikiem powodującym powstawanie odpadów fizycznych. W projektach KSA "Częste zmiany projektowe", "Błędy projektowe" i "Brak doświadczenia projektanta" są istotnymi czynnikami powodującymi powstawanie odpadów fizycznych.

Związany z konsultantem, w projektach Muscat 'Last minute client requirement' uzyskał najwyższą ocenę jako czynnik powodujący fizyczne marnotrawstwo. Ale w projekcie Nizwa 'Częste zmiany projektowe' czynnik powodujący fizyczne marnotrawstwo. W projektach KSA 'Błędy projektowe' są istotnym czynnikiem powodującym powstawanie odpadów fizycznych.

Tabela 4.13 Porównanie istotnych czynników powodujących powstawanie odpadów budowlanych w poszczególnych projektach w kategorii "Projekt" Klient, Konsultant i Wykonawca

Kategoria	Respondent	Lokalizacja	Najważniejsze przyczyny	Wartość krytyczna
Projekt	Klient	Projekty	Niedoświadczony projektant	4.33

		Muscat		
		Projekt Nizwa	Częste zmiany konstrukcyjne	3.43
			Niedoświadczony projektant	3.43
		Projekty KSA	Błędy projektowe	5
	Wykonawca	Projekt Nizwa	Częste zmiany konstrukcyjne	4.44
		Projekty KSA	Częste zmiany konstrukcyjne	4.5
			Błędy projektowe	4.5
			Niedoświadczony projektant	4.5
	Konsultant	Projekty Muscat	Wymagania klienta w ostatniej chwili	4.25
		Projekt Nizwa	Częste zmiany konstrukcyjne	5
		Projekty KSA	Niedoświadczony projektant	3.87

4.4.2 Obsługa

W odniesieniu do klienta, w projektach Muscat "Zła obsługa materiałowa" uzyskała najwyższą ocenę jako czynnik powodujący powstawanie odpadów fizycznych. Jednak w projekcie Nizwa "Złe przechowywanie materiałów" i "Zła jakość materiałów" są czynnikami powodującymi powstawanie odpadów fizycznych. W projektach KSA "Uszkodzenia podczas przeładunku" i "Zła jakość materiałów" są istotnymi czynnikami powodującymi powstawanie odpadów fizycznych.

W odniesieniu do wykonawcy, w projekcie Nizwa "Złe przechowywanie materiałów" jest czynnikiem powodującym powstawanie odpadów fizycznych. W projektach KSA "Niewłaściwe magazynowanie materiałów" i "Zła jakość materiałów" są istotnymi czynnikami powodującymi powstawanie odpadów fizycznych.

Związany z konsultantem, w projektach Muscat "Zła jakość materiałów" uzyskała najwyższą ocenę jako czynnik powodujący powstawanie fizycznych odpadów. Jednak w projekcie Nizwa "Złe przechowywanie materiałów" i "Złe obchodzenie się z materiałami" to czynniki powodujące powstawanie odpadów fizycznych. W projektach KSA "Niewłaściwe magazynowanie materiałów" jest istotnym czynnikiem powodującym powstawanie odpadów fizycznych.

Tabela 4.14 Porównanie istotnych czynników powodujących powstawanie odpadów budowlanych w oparciu o klienta, konsultanta i wykonawcę w każdym projekcie w kategorii "Obsługa".

Kategoria	Respondent	Lokalizacja	Najważniejsze przyczyny	Wartość krytyczna
Obsługa	Klient	Projekt Muscat	Złe obchodzenie się z materiałami	5
		Projekt Nizwa	Niewłaściwe przechowywanie materiałów	3.57
			Słaba jakość materiału	3.57
		Projekt KSA	Uszkodzenia podczas obsługi	4
			Słaba jakość materiału	4
	Wykonawca	Projekt Nizwa	Niewłaściwe przechowywanie materiałów	4.56
		Projekt KSA	Niewłaściwe przechowywanie materiałów	4.5
			Słaba jakość materiału	4.5
	Konsultant	Projekt Muscat	Słaba jakość materiału	4.125
		Projekt Nizwa	Niewłaściwe przechowywanie materiałów	4
			Złe obchodzenie się z materiałami	4
		Projekt KSA	Niewłaściwe przechowywanie materiałów	3.87

4.4.3 Pracownicy

W odniesieniu do klienta, w projektach Muscat "Błędy pracowników podczas budowy" i "Niekompetentni pracownicy" uzyskali najwyższą ocenę jako czynniki powodujące fizyczne straty. Jednak w projekcie Nizwa "Brak entuzjazmu pracowników" i "Niewystarczające szkolenie pracowników" to czynniki powodujące marnotrawstwo fizyczne. W projektach KSA "Zbyt wiele z czasem wróg", "Błędy pracowników podczas budowy", "Słabe wykonawstwo" i "Złe nastawienie pracowników" to istotne czynniki powodujące powstawanie odpadów fizycznych.

Związane z wykonawcą, w projekcie Nizwa, "Złe postawy pracowników" i "Słaba jakość wykonania" są czynnikami powodującymi powstawanie odpadów fizycznych. W projektach KSA "Brak świadomości" jest istotnym czynnikiem powodującym powstawanie odpadów fizycznych.

Związane z konsultantem, w projektach Muscat: "Niedobór wykwalifikowanych pracowników", "Niekompetentni pracownicy" i "Złe nastawienie pracowników" uzyskały najwyższe oceny czynników powodujących fizyczne marnotrawstwo. Jednak w projekcie Nizwa "Złe postawy pracowników" i "Brak świadomości" są czynnikami powodującymi marnotrawstwo fizyczne. W projektach KSA "Brak świadomości" jest istotnym czynnikiem powodującym powstawanie odpadów fizycznych.

Tabela 4.15 Porównanie istotnych czynników powodujących powstawanie odpadów budowlanych w oparciu o klienta, konsultanta i wykonawcę w każdym projekcie w kategorii "Pracownicy".

Kategoria	Respondent	Lokalizacja	Najważniejsze przyczyny	Wartość krytyczna
Pracownicy	Klient	Projekt Muscat	Błędy pracowników podczas budowy	4.67
			Niekompetentni pracownicy	4.67
		Projekt Nizwa	Robotnik nie ma entuzjazmu	3.86
			Niewystarczające szkolenie pracowników	3.86
		Projekt KSA	Zbyt wiele w czasie wrogów	4
			Błędy pracowników podczas budowy	4
			Słaba jakość wykonania	4
			Złe nastawienie	4

			pracowników	
	Wykonawca	Projekt Nizwa	Złe nastawienie pracowników	3.89
			Słaba jakość wykonania	3.89
		Projekt KSA	Brak świadomości	4
	Konsultant	Projekt Muscat	Niedobór wykwalifikowanych pracowników	4.25
			Niekompetentni pracownicy	4.25
			Złe nastawienie pracowników	4.25
		Projekt Nizwa	Złe nastawienie pracowników	4
			Brak świadomości	4
		Projekt KSA	Brak świadomości	3.75

4.4.4 Zarządzanie

W odniesieniu do klienta, w projektach Muscat "Brak zarządzania odpadami", "Słabe zarządzanie obiektem" i "Brak koordynacji pomiędzy stronami" uzyskały najwyższą ocenę jako czynniki powodujące powstawanie odpadów fizycznych. Jednak w projekcie Nizwa "Spóźniony przepływ informacji między stronami", "Złe zarządzanie obiektem" i "Okresy oczekiwania" są czynnikami powodującymi powstawanie odpadów fizycznych. W projektach KSA "Brak wiedzy o budowie", "Brak koordynacji pomiędzy stronami", "Niewłaściwe metody budowy", "Słaby nadzór", "Problemy z komunikacją", "Słabe zarządzanie obiektem" i "Słaba kontrola" to istotne czynniki powodujące powstawanie odpadów fizycznych.

Powiązane z wykonawcą, w projekcie Nizwa "Złe zarządzanie terenem", "Złe planowanie" i "Rework" są czynnikami powodującymi powstawanie odpadów fizycznych. W projektach KSA "Brak koordynacji pomiędzy stronami", "Słabe zarządzanie terenem", "Słabe planowanie", "Brak zarządzania odpadami" i "Rework" są istotnymi czynnikami powodującymi powstawanie odpadów fizycznych.

Związany z konsultantem, w projektach Muscat "Zły nadzór" uzyskał najwyższą ocenę jako czynnik powodujący fizyczne marnotrawstwo. Ale w projekcie Nizwa 'Długi czas trwania projektu' jest czynnikiem powodującym fizyczne marnotrawstwo. W projektach KSA "Złe zarządzanie obiektem" jest istotnym czynnikiem powodującym powstawanie odpadów fizycznych.

Tabela 4.16 Porównanie istotnych czynników powodujących powstawanie odpadów budowlanych w oparciu o klienta, konsultanta i wykonawcę w każdym projekcie w kategorii "Zarządzanie".

Kategoria	Respondent	Lokalizacja	Najważniejsze przyczyny	Wartość krytyczna
Zarządzanie	Klient	Projekt Muscat	Brak zarządzania odpadami	5
			Słabe zarządzanie obiektem	5
			Brak koordynacji między stronami	5
		Projekt Nizwa	Opóźniony przepływ informacji między stronami	3.7
			Słabe zarządzanie obiektem	3.7
			Okresy oczekiwania	3.7
		Projekt KSA	Brak wiedzy o budownictwie	4
			Brak koordynacji między stronami	4
			Niewłaściwe metody budowy	4
			Słaby nadzór	4
			Problemy z komunikacją	4
			Słabe zarządzanie obiektem	4
			Słaba kontrola	4
	Wykonawca	Projekt Nizwa	Słabe zarządzanie obiektem	4.44
			Słabe planowanie	4.44
			Przepracowanie	4.44

		Projekt KSA	Brak koordynacji między stronami	4.5
			Słabe zarządzanie obiektem	4.5
			Słabe planowanie	4.5
			Brak zarządzania odpadami	4.5
			Przepracowanie	4.5
	Konsultant	Projekt Muscat	Słaby nadzór	4.5
		Projekt Nizwa	Długi czas trwania projektu	5
			Słaby nadzór	5
		Projekt KSA	Słabe zarządzanie obiektem	4.12

4.4.5 Zamówienia

W odniesieniu do klienta, w projektach Muscat "Błędy w badaniach ilościowych" uzyskały najwyższą ocenę jako czynnik powodujący fizyczne marnotrawstwo. Natomiast w projekcie Nizwa "Różne metody szacowania" czynnik powodujący powstawanie odpadów fizycznych. W projektach KSA "Błędna dostawa materiałów" i "Oczekiwanie na wymianę" są istotnymi czynnikami powodującymi powstawanie odpadów fizycznych.

Powiązany z wykonawcą, w projekcie Nizwa czynnik "Częste zmiany zamówień" powodujący powstawanie odpadów fizycznych. W projektach KSA "Błędy w składaniu zamówień" są istotnym czynnikiem powodującym powstawanie odpadów fizycznych.

W powiązaniu z konsultantem, w projektach Muscat "Błędy w badaniach ilościowych" uzyskały najwyższą ocenę jako czynniki powodujące fizyczne marnotrawstwo. Ale w projekcie Nizwa "Częste zmiany w zamówieniach" to czynnik powodujący fizyczne marnotrawstwo. W projektach KSA "Błędy w zamówieniach" i "Niezgodność pozycji ze specyfikacją" są istotnymi czynnikami powodującymi powstawanie odpadów fizycznych.

Tabela 4.17 Porównanie istotnych czynników powodujących powstawanie odpadów budowlanych w oparciu o klienta, konsultanta i wykonawcę w każdym projekcie w kategorii "Zakupy".

Kategoria	Respondent	Lokalizacja	Najważniejsze przyczyny	Wartość krytyczna
Zamówienia publiczne	Klient	Projekt Muscat	Błędy w badaniach ilościowych	4.33
		Projekt Nizwa	Różne metody stosowane do szacowania	3.7
		Projekt KSA	Niewłaściwa dostawa materiału	4
			Oczekiwanie na wymianę	4
	Wykonawca	Projekt Nizwa	Częste zlecenia zmiany	3.67
		Projekt KSA	Błędy w składaniu zamówień	4.5
	Konsultant	Projekt Muscat	Błędy w badaniach ilościowych	4.125
		Projekt Nizwa	Częste zlecenia zmiany	3.5
		Projekt KSA	Błędy w składaniu zamówień	3.87
			Pozycja niezgodna ze specyfikacją	3.87

4.4.6 Stan zakładu

W odniesieniu do klienta, w projektach Muscat "Odpady powstające na skutek pakowania" i "Ingerencja innych pracowników na miejscu" uzyskały najwyższą ocenę jako czynniki powodujące powstawanie odpadów fizycznych. Natomiast w projekcie Nizwa "Nieprzewidziany stan gruntu" i "Odpady opakowaniowe" czynniki powodujące powstawanie odpadów fizycznych. W projektach KSA "Nieprzewidziane warunki gruntowe", "Utrudniony dostęp do terenu budowy", "Problem oświetlenia" i "Zły stan terenu" są istotnymi czynnikami powodującymi powstawanie odpadów fizycznych.

W odniesieniu do wykonawcy, w projekcie Nizwa "Utrudniony dostęp do terenu budowy", "Pozostałości materiałów na terenie budowy" oraz "Zły stan terenu budowy" czynniki powodujące powstawanie odpadów fizycznych. W projektach KSA "Zły stan terenu budowy" i "Zatory na terenie budowy" są istotnymi czynnikami powodującymi powstawanie odpadów fizycznych.

Związani z konsultantem, w projektach Muscat "Ingerencja pozostałej załogi na miejscu" i "Zły stan miejsca" uzyskały najwyższą ocenę jako czynniki powodujące fizyczne marnotrawstwo. Natomiast w projekcie Nizwa "Utrudniony dostęp do placu budowy" i "Zły stan placu budowy" czynniki powodujące powstawanie odpadów fizycznych. W projektach KSA "Zatłoczenie terenu budowy" i "Zły stan terenu budowy" są istotnymi czynnikami powodującymi powstawanie odpadów fizycznych.

Tabela 4.18 Porównanie istotnych czynników powodujących powstawanie odpadów budowlanych w każdym z projektów w kategorii "Stan terenu budowy" w oparciu o klienta, konsultanta i wykonawcę

Kategoria	Respondent	Lokalizacja	Najważniejsze przyczyny	Wartość krytyczna
Stan terenu	Klient	Projekt Muscat	Odpady powstające z opakowań	3.67
			Ingerencja innych członków załogi na miejscu	3.67
		Projekt Nizwa	Nieprzewidziany stan gruntu	3.86
			Odpady powstające z opakowań	3.86
		Projekt KSA	Nieprzewidziany stan gruntu	4
			Trudności w dostępie do placu budowy	4
			Problem z oświetleniem	4
			Zły stan terenu	4

	Wykona wca	Projekt Nizwa	Trudności w dostępie do placu budowy	4
			Resztki materiałów na miejscu	4
			Zły stan terenu	4
		Projekt KSA	Zły stan terenu	4
			Zatłoczenie terenu	4
	Konsulta nt	Projekt Muscat	Ingerencja pozostałej załogi na miejscu	3.75
			Zły stan terenu	3.75
		Projekt Nizwa	Trudności w dostępie do placu budowy	3
			Zły stan terenu	3
		Projekt KSA	Zatłoczenie terenu	3.87
			Zły stan terenu	3.87

Rozdział 5

ZALECENIE I WNIOSEK

5.1 Istotny czynnik powodujący powstawanie odpadów budowlanych

W projektach Muscat stwierdzono, że "wymagania klienta w ostatniej chwili", "niewłaściwe składowanie materiałów", "niekompetentni pracownicy", "złe planowanie", "złe zarządzanie budową", "błędy w badaniach ilościowych" oraz "ingerencja pozostałej załogi na budowie" to istotne czynniki powodujące powstawanie odpadów budowlanych.

Związane z projektami Nizwy "Częste zmiany projektowe", "Niewłaściwe składowanie materiałów", "Brak świadomości", "Złe zarządzanie budową", "Częste polecenia zmian" i "Ingerencja innych pracowników na budowie" to istotne czynniki powodujące powstawanie odpadów budowlanych.

W projektach KSA istotnymi czynnikami powodującymi powstawanie odpadów budowlanych są "Błędy projektowe", "Niedoświadczony projektant", "Złe obchodzenie się z materiałami", "Brak świadomości", "Złe zarządzanie budową", "Zła dostawa materiałów" oraz "Zły stan budowy".

Po porównaniu wszystkich trzech projektów można stwierdzić, że najważniejszymi czynnikami powodującymi powstawanie odpadów budowlanych są "Częste zmiany projektowe", "Niewłaściwe składowanie materiałów", "Złe nastawienie pracowników", "Złe zarządzanie budową", "Błędy w pomiarze ilościowym", "Błędy w składaniu zamówień", "Częste zamówienia na zmiany" oraz "Zły stan terenu budowy".

5.2 Zalecenie dotyczące ograniczenia istotnych czynników powodujących powstawanie odpadów budowlanych

5.2.1 Częste zmiany konstrukcyjne

Częste zmiany projektowe" uznano za najbardziej dominującą przyczynę powstawania odpadów budowlanych o największej częstotliwości wśród innych czynników. Problemy te pojawiają się w związku ze zmianami klientów w ciągu ostatnich minut w trakcie realizacji robót budowlanych. Staje się to problemem wynikającym z braku komunikacji pomiędzy wykonawcami, projektantami i klientami podczas prac projektowych. Na etapie projektowania klient musi usiąść razem, aby uzyskać ostateczną decyzję przed przystąpieniem do realizacji projektu budowlanego przez wykonawcę. Jest to istotna część po zakończeniu etapu projektowania. Ilekroć po zakończeniu budowy zachodzą zmiany, przebudowa według nowych rysunków wymaga wielu przeróbek i jest czasochłonna. Dlatego, aby przezwyciężyć ten problem, należy zwrócić większą uwagę na redukcję odpadów w fazie projektowania. Strony, które angażują się w jakiekolwiek projekty budowlane, powinny zawsze mieć dobrą komunikację z klientami, aby uniknąć zmian w ostatnich minutach.

5.2.2 Słabe magazynowanie materiałów

Złe przechowywanie materiałów zajęło pierwsze miejsce w Grupie Handlingowej. Problem ten zawsze wiąże się z niewłaściwymi metodami magazynowania, wynikającymi z czynności manipulacyjnych. Na przykład, niewłaściwy sposób obchodzenia się z cegłami podczas budowy prowadzi do powstawania pęknięć. Materiał ten jest kruchy i musi się z nim obchodzić bardzo ostrożnie. Problemy pojawiają się zawsze z powodu błędu ludzkiego. Oprócz tego dochodzi do niewłaściwego składowania z powodu niewłaściwej strategii ochrony. Na przykład cementy muszą być przechowywane w cieniu i oszczędzać miejsce. Ale pracownicy niewłaściwie przechowują go pod mostem lub na otwartej przestrzeni. W końcu materiały narażone są na działanie czynników atmosferycznych, takich jak bezpośrednie światło słoneczne i deszcz. Bez odpowiedniej ochrony, materiały kończą się jako odpady.

Właściwe przechowywanie materiałów jest bardzo potrzebne, aby uniknąć powstawania odpadów budowlanych. Właściciele magazynów muszą monitorować sposób składowania przez pracowników. Może to ograniczyć uszkodzenia materiału na miejscu. Poza tym należy przyjąć bardzo wszechstronną i dobrą technikę składowania w celu lepszej ochrony materiałów na placu budowy.

5.2.3 Słabe zarządzanie obiektem

Słabe zarządzanie budową to najwyższa ocena częstotliwości w grupie Management, która jest najbardziej dominującą grupą w zakresie wytwarzania odpadów budowlanych. Akt gospodarowania odgrywa ważną rolę w przyczynianiu się do wytwarzania odpadów.

Kierownik budowy jest odpowiedzialny za sprawne prowadzenie operacji na miejscu. Musi on być w stanie przygotowywać programy dzienne i tygodniowe, prowadzić dokumentację, sprawnie koordynować pracę i być dobrym strzelcem do problemów. Głównym zadaniem wykonawcy jest rekrutacja dobrych, wykwalifikowanych brygadzistów i kierowników budowy, którym można zaufać, że wykonają pracę szybko i zgodnie z przyjętymi standardami jakości. Dobry kierownik budowy może zapewnić, że projekt zostanie wykonany bez kosztów i przekroczeń czasowych. Złe zarządzanie budową może spowodować duże straty dla wykonawcy poprzez wysokie koszty budowy i duże opóźnienia.

5.2.4 Błędy w składaniu zamówień

W aspekcie zamówień publicznych największą częstotliwość występowania błędów w zamówieniach. Błędy przy zamawianiu, takie jak nad i pod zamówieniami, stają się głównymi problemami podczas procesu zamawiania. Na przykład, nadmierna ilość mieszanki ceglano-betonowej na budowie była spowodowana nadmiarem zamówień. Z drugiej strony, w przypadku zbyt małej ilości materiałów dostępnych na placu budowy w trakcie realizacji zamówienia, prowadzi to do przerwania prac. Innym przykładem jest brak mieszanki betonowej podczas betonowania, co może powodować opóźnienia i wymagać czasu oczekiwania na dostawę materiału. Poza tym, czasami niewłaściwe zamawianie materiałów nie pasuje pod względem jakości, rodzaju i wymiarów do rzeczywistych prac na budowie. Tego typu błędy zdarzają się i w końcu kończą się jako odpady materiałowe. Dlatego też prawidłowe zamawianie materiałów odgrywa ważną rolę i pomaga ograniczyć straty materiałowe i szkody w projektach budowlanych.

5.2.5 Zły stan terenu

Zróżnicowane warunki panujące na budowie mogą powodować opóźnienia w realizacji projektów budowlanych, wzrost kosztów i niebezpieczne warunki pracy.

5.3 Skuteczna gospodarka odpadami w ramach projektów Muscat

W tej sekcji omówiono "skuteczną gospodarkę odpadami", która określa istotny czynnik zarządzania odpadami. Omówiono również "materiały budowlane" w oparciu o konkretne materiały i określono procentowy udział każdego z nich, jeśli są one usuwane, poddawane recyklingowi lub ponownie wykorzystywane. Ponadto omówiono "korzyści płynące z zarządzania odpadami" w celu określenia znaczących korzyści środowiskowych i gospodarczych związanych z zarządzaniem odpadami.

5.3.1 Określenie skutecznego planu gospodarowania odpadami

W odniesieniu do gospodarki odpadami stwierdzono, że "recykling" jest istotnym czynnikiem w zarządzaniu odpadami budowlanymi. Następnie "ponowne wykorzystanie" staje się drugim. (Tabela 5.1)

Tabela 5.1: Identyfikacja planu efektywnego zarządzania odpadami w projektach Muscat

Czynnik zarządzania odpadami	Średnia wartość rangi
Zmniejszyć	3.75
Ponowne wykorzystanie	3.92
Recykling	4.5
Burn	2.08
Składowisko odpadów	3.25
Kompost	2.83

5.3.2 Identyfikacja materiałów budowlanych, które są usuwane na składowisku, poddawane recyklingowi lub ponownie wykorzystywane

W tej kategorii stwierdzono, że "Beton, cegły i ceramika" oraz "Cement i zaprawa" uzyskały 58,3% punktów, a "Piasek i kamień" 50% punktów do usunięcia na składowisko odpadów. Natomiast w kategoriach 'Stal', 'Szkło' i 'Metal' uzyskały wynik 83,3%, a w kategoriach 'Tworzywa sztuczne' i 'Farby' odpowiednio 66,7% i 75%. W odniesieniu do "Drewna" i "Dachówki" uzyskały odpowiednio 41,7% i 50%, które mają być ponownie wykorzystane. (Tabela 5.2)

Tabela 5.2: Identyfikacja materiałów budowlanych w projektach Muscat

Kategoria materiału	Składowany na składowisku odpadów %	Zrzucane ze składowisk odpadów przez recykling lub ponowne wykorzystanie	
		Recykling %	Ponowne wykorzystanie %
Beton, cegły i ceramika	58.3	33.3	8.3
Cement i zaprawa murarska	58.3	16.7	25
Stal	8.3	83.3	16.7
Drewno	16.7	33.3	41.7
Szkło	8.3	83.3	16.7
Metal	16.7	83.3	16.7
Tworzywo sztuczne	16.7	66.7	16.7
Farba	16.7	75	58.3
Płytka	16.7	33.3	50

Piasek i kamień	50	8.3	41.7

5.3.3 Identyfikacja korzyści płynących z planu gospodarowania odpadami

W tej kategorii stwierdzono, że "Mniejsze zanieczyszczenie" uzyskało najwyższy wynik w zakresie gospodarki odpadami, a "Czystsze powietrze i woda" znalazło się na drugim poziomie. (Tabela 5.3)

Tabela 5.3: Identyfikacja Korzyści płynące z planu gospodarowania odpadami w projektach Muscat

Skala ocen / Korzyści	Średnia wartość rangi
Mniej zanieczyszczeń	4.92
Czystsze powietrze i woda	4.42
Więcej terenów zalesionych i otwartych przestrzeni	3.5
Redukcja emisji gazów cieplarnianych	3.92
Ochrona zasobów naturalnych	4
Odzyskiwanie energii	3.8
Mniej śmieci trafiających na składowisko	3.7
Oszczędność kosztów	4
Generowanie zatrudnienia	3.08
Wzrost sprzedaży	3
Zwiększona wydajność	4.17
Obrzydliwy zapach jest ograniczony	4.08

5.4 Skuteczna gospodarka odpadami dla projektów Nizwa

5.4.1 Określenie skutecznego planu gospodarowania odpadami

W odniesieniu do gospodarki odpadami stwierdzono, że "ponowne wykorzystanie" jest istotnym czynnikiem w zarządzaniu odpadami budowlanymi. Następnie "Zmniejszenie" staje się w drugiej kolejności. (Tabela 5.4)

Tabela 5.4: Identyfikacja planu efektywnego zarządzania odpadami w projektach Nizwa

Czynnik zarządzania odpadami	Średnia wartość rangi
Zmniejszyć	4.22
Ponowne wykorzystanie	4.27
Recykling	4
Burn	2.1
Składowisko odpadów	3.2
Kompost	3.6

5.4.2 Identyfikacja materiałów budowlanych, które są usuwane na składowisku, poddawane recyklingowi lub ponownie wykorzystywane

W tej kategorii stwierdzono, że "Beton, cegły i ceramika", "Cement i zaprawa" oraz "Piasek i kamień" uzyskały 61,1% punktów, a także "Farba" i "Płytka" uzyskały 66,7% punktów do usunięcia na składowisko odpadów. Natomiast "Stal", która uzyskała 66,7%, "Szkło" i "Metal" uzyskały wynik 55,6%, również "Tworzywa sztuczne", które uzyskały wynik 50% są przeznaczone do recyklingu. W odniesieniu do "Drewna", które uzyskało 66,7%, ma być ponownie wykorzystane. (Tabela 5.5

Tabela 5.5: Identyfikacja materiałów budowlanych w projektach Nizwy

Kategoria materiału	Składowany na składowisku odpadów %	Zrzucane ze składowisk odpadów przez recykling lub ponowne wykorzystanie	
		Recykling %	Ponowne wykorzystanie %
Beton, cegły i ceramika	61.1	22.2	22.2
Cement i zaprawa murarska	61.1	33.3	5.6
Stal	-	66.7	38.9
Drewno	11.1	22.2	66.7
Szkło	11.1	55.6	33.3
Metal	5.6	55.6	38.9
Tworzywo sztuczne	16.7	50	11.1
Farba	66.7	11.1	22.2
Płytka	66.7	11.1	22.2

Piasek i kamień	61.1	5.6	33.3

5.4.3 Identyfikacja korzyści płynących z planu gospodarowania odpadami

W tej kategorii stwierdzono, że "Mniejsze zanieczyszczenie" uzyskało najwyższy wynik w zakresie gospodarki odpadami, a "Czystsze powietrze i woda" znalazło się na drugim poziomie. (Tabela 5.6)

Tabela 5.6: Identyfikacja korzyści płynących z planu gospodarki odpadami w projektach Nizwa

Skala ocen / Korzyści	Średnia wartość rangi
Mniej zanieczyszczeń	4.72
Czystsze powietrze i woda	4.6
Więcej terenów zalesionych i otwartych przestrzeni	3.89
Redukcja emisji gazów cieplarnianych	4.28
Ochrona zasobów naturalnych	4.16
Odzyskiwanie energii	3.6
Mniej śmieci trafiających na składowisko	3.9
Oszczędność kosztów	3.5
Generowanie zatrudnienia	3.3
Wzrost sprzedaży	3.2
Zwiększona wydajność	2.9
Obrzydliwy zapach jest ograniczony	3.3

5.5 Efektywna gospodarka odpadami dla projektów KSA

5.5.1 Określenie skutecznego planu gospodarowania odpadami

W odniesieniu do gospodarki odpadami stwierdzono, że "redukcja" jest istotnym czynnikiem w zarządzaniu odpadami budowlanymi. Następnie "Recykling" staje się drugi. (Tabela 5.7)

Tabela 5.7: Identyfikacja planu efektywnego zarządzania odpadami w projektach KSA

Czynnik zarządzania odpadami	Średnia wartość rangi
Zmniejszyć	4
Ponowne wykorzystanie	3.8
Recykling	3.9
Burn	1.8
Składowisko odpadów	2.9
Kompost	3

5.5.2 Identyfikacja materiałów budowlanych, które są usuwane na składowisku, poddawane recyklingowi lub ponownie wykorzystywane

W tej kategorii stwierdzono, że "Beton, cegły i ceramika" otrzymały odpowiednio 100% i "Cement i zaprawa", "Szkło" i "Farba", które otrzymały 60% punktów oraz "Piasek i kamień" i "Płytka", które otrzymały odpowiednio 50% i 70% do usunięcia na składowisko. Natomiast "Stal", "Metal" i "Tworzywa sztuczne", które uzyskały odpowiednio 50% i 70%, mają być poddane recyklingowi. W odniesieniu do "Drewna", które uzyskało 60% punktów, mają być ponownie wykorzystane. (Tabela 5.8)

Tabela 5.8: Identyfikacja materiałów budowlanych w projektach KSA

Kategoria materiału	Składowany na składowisku odpadów %	Zrzucane ze składowisk odpadów przez recykling lub ponowne wykorzystanie	
		Recykling %	Ponowne wykorzystanie %
Beton, cegły i ceramika	100	-	-
Cement i zaprawa murarska	60	30	-
Stal	20	50	30
Drewno	30	10	60
Szkło	60	20	20
Metal	30	50	20
Tworzywo sztuczne	30	50	20
Farba	60	30	10

Płytka	70	20	10
Piasek i kamień	50	20	30

5.5.3 Identyfikacja korzyści płynących z planu gospodarowania odpadami

W tej kategorii stwierdzono, że "Mniejsze zanieczyszczenie" uzyskało najwyższy wynik w zakresie korzyści z gospodarowania odpadami, a "Ochrona zasobów naturalnych" znalazła się na drugim poziomie. (Tabela 5.9)

Tabela 5.9: Identyfikacja korzyści płynących z planu gospodarki odpadami w projektach KSA

Skala ocen / Korzyści	Średnia wartość rangi
Mniej zanieczyszczeń	4.3
Czystsze powietrze i woda	4.1
Więcej terenów zalesionych i otwartych przestrzeni	3.5
Redukcja emisji gazów cieplarnianych	4.1
Ochrona zasobów naturalnych	4.2
Odzyskiwanie energii	3.7
Mniej śmieci trafiających na składowisko	3.4
Oszczędność kosztów	3.7
Generowanie zatrudnienia	3.7
Wzrost sprzedaży	2.5
Zwiększona wydajność	3.4
Obrzydliwy zapach jest ograniczony	3.6

5.6 Porównanie rekomendacji respondenta dotyczących redukcji odpadów budowlanych zostało zorganizowane w oparciu o Klienta, Konsultanta i Wykonawcę w Muscat Projects.

5.6.1 Określenie skutecznego planu gospodarowania odpadami

W odniesieniu do klienta stwierdzono, że "recykling" jest istotnym czynnikiem w zarządzaniu odpadami budowlanymi. Następnie "Zmniejszyć" i "Ponownie wykorzystać" staje się drugim. Jednak w odniesieniu do konsultanta stwierdzono, że "spalanie" jest istotnym czynnikiem zarządzania odpadami budowlanymi, a "ponowne wykorzystanie" i "recykling" stają się następne. (Tabela 5.10)

Tabela 5.10: Identyfikacja Planu Efektywnego Gospodarowania Odpadami w projektach Muscat związanych z Klientami i Konsultantami.

Czynnik zarządzania odpadami	Średnia wartość rangi	
	Klient	Konsultant
Zmniejszyć	3.75	3.125
Ponowne wykorzystanie	3.75	3.5
Recykling	4.74	3.5
Burn	1.5	3.75
Składowisko odpadów	3.25	2
Kompost	3	2.6

5.6.2 Identyfikacja materiałów budowlanych, które są usuwane na składowisku, poddawane recyklingowi lub ponownie wykorzystywane

W tej kategorii związanej z klientem stwierdzono, że "Beton, cegły i ceramika" oraz "Cement i zaprawa", które uzyskały odpowiednio 100% i 75% punktów, mają być składowane na składowisku odpadów. Ale "Stal", "Szkło" i "Metal", które uzyskały 100% punktów, oraz "Drewno" i "Tworzywa sztuczne", które uzyskały odpowiednio 50% i 75% punktów, mają być poddane recyklingowi. Z drugiej strony, "Drewno" uzyskało

50% punktów, które również mają być ponownie wykorzystane. Ponadto, "Farba", "Płytka" i "Piasek i kamień", które uzyskały odpowiednio 75%, 50% i 100% punktów, zostaną ponownie wykorzystane. (Tabela 5.11)

Tabela 5.11: Identyfikacja materiałów budowlanych w Muscat Projekty związane z Klientem Respondenci

Kategoria materiału	Składowany na składowisku odpadów %	Zrzucane ze składowisk odpadów przez recykling lub ponowne wykorzystanie	
		Recykling %	Ponowne wykorzystanie %
Beton, cegły i ceramika	100	-	-
Cement i zaprawa murarska	75	-	25
Stal	-	100	-
Drewno	-	50	50
Szkło	-	100	-
Metal	25	100	-
Tworzywo sztuczne	25	75	-
Farba	25	-	75
Płytka	25	25	50
Piasek i kamień	-	-	100

W tej kategorii związanej z konsultantem stwierdzono, że "Beton, cegły i ceramika", "Cement i zaprawa" oraz "Piasek i kamień" otrzymały odpowiednio 37,5%, 50% i 75% punktów, które mają być składowane na składowisku. Ale "Stal", "Szkło" i "Metal" uzyskały 62,5% punktów, a "Tworzywa sztuczne" 50% punktów mają być poddane recyklingowi. W odniesieniu do "Drewna", które uzyskało 37,5 punktów, "Farby" i "Dachówki", które uzyskały 50% punktów, mają być ponownie wykorzystane. (Tabela 5.12)

Tabela 5.12: Identyfikacja materiałów budowlanych w Muscat Projekty związane z Konsultantami Respondentami

Kategoria materiału	Składowany na składowisku	Zrzucane ze składowisk odpadów przez recykling lub ponowne wykorzystanie

	odpadów %	Recykling %	Ponowne wykorzystanie %
Beton, cegły i ceramika	37.5	37.5	25
Cement i zaprawa murarska	50	12.5	25
Stal	12.5	62.5	12.5
Drewno	25	12.5	37.5
Szkło	12.5	62.5	25
Metal	12.5	62.5	25
Tworzywo sztuczne	12.5	50	25
Farba	12.5	25	50
Płytka	12.5	25	50
Piasek i kamień	75	-	12.5

5.6.3 Identyfikacja korzyści płynących z planu gospodarki odpadami

W tej kategorii związanej z klientem stwierdzono, że "Mniejsze zanieczyszczenie", "Czystsze powietrze i woda" oraz "Ochrona zasobów naturalnych" uzyskały najwyższy wynik w zakresie gospodarki odpadami. Jednak w odniesieniu do konsultanta stwierdzono, że "Mniejsze zanieczyszczenie" uzyskało najwyższy wynik, a "Czystsze powietrze i woda" stało się następne. (Tabela 5.13)

Tabela 5.13: Korzyści identyfikacji Planu Gospodarki Odpadami w projektach Muscat związanych z Klientami i Konsultantami.

Skala ocen / Korzyści	Średnia wartość rangi	
	Klient	Konsultant
Mniej zanieczyszczeń	5	4.25
Czystsze powietrze i woda	5	3.5
Więcej terenów zalesionych i otwartych przestrzeni	4.5	2.37
Redukcja emisji gazów cieplarnianych	4.5	3
Ochrona zasobów naturalnych	5	2.87
Odzyskiwanie energii	4.5	2.87

Mniej śmieci trafiających na składowisko	4.25	2.87
Oszczędność kosztów	4.25	3.25
Generowanie zatrudnienia	3	2.62
Wzrost sprzedaży	3	2.37
Zwiększona wydajność	3.75	3.75
Obrzydliwy zapach jest ograniczony	3.25	3.87

5.7 Porównanie ankietowanych rekomendacji dotyczących redukcji odpadów budowlanych zostało zorganizowane w oparciu o Klienta, Konsultanta i Wykonawcę w projektach Nizwa

5.7.1 Określenie skutecznego planu gospodarowania odpadami

W odniesieniu do klienta stwierdzono, że "redukcja" i "recykling" są istotnymi czynnikami w zarządzaniu odpadami budowlanymi. W odniesieniu do wykonawców stwierdzono, że "redukcja" i "ponowne wykorzystanie" uzyskały najwyższe wyniki. Jednak w odniesieniu do konsultanta stwierdzono, że "recykling" jest istotnym czynnikiem zarządzania odpadami budowlanymi, a "ponowne wykorzystanie" staje się następnym. (Tabela 5.14)

Tabela 5.14: Identyfikacja Planu Efektywnego Gospodarowania Odpadami w projektach Nizwy związanych z Klientem, Wykonawcą i Konsultantem.

Czynnik zarządzania odpadami	Średnia wartość rangi		
	Klient	Wykonawca	Konsultant
Zmniejszyć	3.5	4.5	3
Ponowne wykorzystanie	3.25	4.5	4
Recykling	3.5	4	4.5
Burn	1.5	2.4	1.5
Składowisko odpadów	2.25	3.7	2.5
Kompost	3	3.83	3.5

5.7.2. 5.7.2. Identyfikacja materiałów budowlanych, które są usuwane na składowisku, poddawane recyklingowi lub ponownie wykorzystywane

W tej kategorii związanej z klientem stwierdzono, że "Beton, cegły i ceramika", "Farba" i "Piasek i kamień", które uzyskały 50% punktów oraz "Płytka", która uzyskała 75%, mają być składowane na składowisku. Cement i zaprawa, stal i tworzywa sztuczne, które uzyskały 75 % punktów, szkło i metal, które uzyskały 50 % punktów, zostaną poddane recyklingowi. Związane z "drewnem", które uzyskało 100% oraz "szkłem" i "metalem", które uzyskały 50% punktów, mają być ponownie wykorzystane. (Tabela 5.15)

Tabela 5.15: Identyfikacja materiałów budowlanych w Nizwie Projekty związane z Klientami Respondentami

Kategoria materiału	Składowany na składowisku odpadów %	Zrzucane ze składowisk odpadów przez recykling lub ponowne wykorzystanie	
		Recykling %	Ponowne wykorzystanie %
Beton, cegły i ceramika	50	50	25
Cement i zaprawa murarska	-	75	-
Stal	-	75	25
Drewno	-	-	100
Szkło	-	50	50
Metal	-	50	50
Tworzywo sztuczne	-	75	25
Farba	50	25	25
Płytka	75	-	25
Piasek i kamień	50	25	25

W tej kategorii związanej z wykonawcą stwierdzono, że "Beton, cegły i ceramika" oraz "Piasek i kamień", które otrzymały 66,7% oraz "Cement i zaprawa" i "Farba", które otrzymały 75% punktów i "Płytka" otrzymały 58,3% punktów mają być utylizowane na składowisku. Natomiast "Stal", która uzyskała 66,7%, "Szkło", "Metal" i "Tworzywa sztuczne", które uzyskały wynik 58,3%, mają być poddane recyklingowi. W odniesieniu do "Drewna", które uzyskało 50%, mają być ponownie wykorzystane. (Tabela 5.16)

Tabela 5.16: Identyfikacja materiałów budowlanych w Nizwie Projekty związane z pozwanymi wykonawcami

Kategoria materiału	Składowany na składowisku odpadów %	Zrzucane ze składowisk odpadów przez recykling lub ponowne wykorzystanie	
		Recykling %	Ponowne wykorzystanie %
Beton, cegły i ceramika	66.7	16.7	16.7
Cement i zaprawa murarska	75	16.7	8.3
Stal	-	66.7	41.7
Drewno	16.7	33.3	50
Szkło	16.7	58.3	25
Metal	8.3	58.3	33.3
Tworzywo sztuczne	25	58.3	-
Farba	75	8.3	16.7
Płytka	58.3	16.7	25
Piasek i kamień	66.7	-	33.3

W tej kategorii związanej z konsultantem stwierdzono, że "Beton, cegły i ceramika" "Farba" i "Piasek i kamień" dostały 50%, które należy usunąć na składowisko i ponownie wykorzystać. W kategorii "Cement i zaprawa" uzyskano 50% punktów, które należy przekazać na składowisko odpadów i poddać recyklingowi. Natomiast "Stal", "Szkło", "Metal" i "Tworzywa sztuczne" uzyskały 50% punktów, które należy poddać recyklingowi i ponownie wykorzystać. Ale "drewno" otrzymało 100% punktów do ponownego wykorzystania, a "płytki" 100% punktów do wyrzucenia na wysypisko. (Tabela 5.17)

Tabela 5.17: Identyfikacja materiałów budowlanych w Nizwie Projekty związane z Konsultantami Respondentami

Kategoria materiału	Składowany na składowisku odpadów %	Zrzucane ze składowisk odpadów przez recykling lub ponowne wykorzystanie	
		Recykling %	Ponowne wykorzystanie %
Beton, cegły i ceramika	50	-	50
Cement i zaprawa murarska	50	50	-
Stal	-	50	50
Drewno	-	-	100
Szkło	-	50	50
Metal	-	50	50
Tworzywo sztuczne	-	50	50
Farba	50	-	50
Płytka	100	-	-
Piasek i kamień	50	-	50

5.7.3 Identyfikacja korzyści wynikających z planu gospodarowania odpadami

W tej kategorii związanej z klientem stwierdzono, że "Czystsze powietrze i woda" uzyskały najwyższy wynik w zakresie gospodarki odpadami. Natomiast w odniesieniu do wykonawcy "Mniej zanieczyszczeń" uzyskała najwyższy wynik. Chociaż, w odniesieniu do konsultanta, stwierdzono, że "Mniej zanieczyszczeń" i "Mniej śmieci trafiających na wysypisko" otrzymał najwyższy wynik w zakresie korzyści z gospodarki odpadami. (Tabela 5.18)

Tabela 5.18: Korzyści identyfikacji Planu Gospodarki Odpadami w projektach Nizwy związanych z Klientami, Wykonawcami i Konsultantami.

Skala ocen / Korzyści	Średnia wartość rangi		
	Klient	Wykonawca	Konsultant
Mniej zanieczyszczeń	4.5	4.83	4.5
Czystsze powietrze i woda	5	4.58	4
Więcej terenów zalesionych i otwartych przestrzeni	3.5	4.17	3
Redukcja emisji gazów cieplarnianych	4.5	4.25	4
Ochrona zasobów naturalnych	4.5	4.17	3.5
Odzyskiwanie energii	2.75	3.92	3.5
Mniej śmieci trafiających na składowisko	2.5	4.3	4.5
Oszczędność kosztów	1.25	4.3	3
Generowanie zatrudnienia	2.25	3.58	3.5
Wzrost sprzedaży	2.25	3.42	4
Zwiększona wydajność	3	2.92	2.5
Obrzydliwy zapach jest ograniczony	2.75	3.58	3

5.8 Porównanie rekomendacji respondenta dotyczących redukcji odpadów budowlanych zostało zorganizowane w oparciu o Klienta, Konsultanta i Wykonawcę w projektach KSA

5.8.1 Określenie skutecznego planu gospodarowania odpadami

W odniesieniu do wykonawcy stwierdzono, że "redukcja" jest istotnym czynnikiem w zarządzaniu odpadami budowlanymi. Następnie "Ponowne wykorzystanie" i "Recykling" zajmują drugie miejsce. Ale w odniesieniu do konsultanta stwierdzono, że "Recykling" staje się "jodłami", a "Ponowne wykorzystanie" staje się następne. (Tabela 5.19)

Tabela 5.19: Identyfikacja efektywnego planu gospodarki odpadami w projektach KSA związanych z wykonawcami i konsultantami.

Czynnik zarządzania odpadami	Średnia wartość rangi	
	Wykonawca	Konsultant
Zmniejszyć	4	3.75
Ponowne wykorzystanie	3.33	3.87
Recykling	3.33	4.125
Burn	2.3	1.75
Składowisko odpadów	2.67	2.75
Kompost	2.67	3

5.8.2 Identyfikacja materiałów budowlanych, które są usuwane na składowisku, poddawane recyklingowi lub ponownie wykorzystywane

W tej kategorii związanej z wykonawcą stwierdzono, że "Beton, cegły i ceramika" oraz "Drewno" uzyskały 100% punktów, a "Farba", "Dachówka" i "Piasek i kamień", które uzyskały 66,7% oraz "Szkło", które uzyskało 33,3% punktów, mają być utylizowane na składowisku. Natomiast "Cement i zaprawa" uzyskały 33,3% punktów, które mają być wyrzucone na wysypisko i poddane recyklingowi. Natomiast "Stal" otrzymała 33,3% punktów, które muszą być poddane recyklingowi i ponownie wykorzystane. Tworzywa sztuczne" uzyskały 33,3% punktów, które należy wyrzucić na składowisko, poddać recyklingowi i ponownie wykorzystać. Z drugiej strony, "Metal" uzyskał 66,7% punktów, które należy poddać recyklingowi. (Tabela 5.20)

Tabela 5.20: Identyfikacja materiałów budowlanych w KSA Projekty związane z pozwanymi wykonawcami

Kategoria materiału	Składowany na składowisku odpadów %	Zrzucane ze składowisk odpadów przez recykling lub ponowne wykorzystanie	
		Recykling %	Ponowne wykorzystanie %

Beton, cegły i ceramika	100	-	-
Cement i zaprawa murarska	33.3	33.3	-
Stal	-	33.3	33.3
Drewno	100	33.3	66.7
Szkło	33.3	-	-
Metal	33.3	66.7	-
Tworzywo sztuczne	33.3	33.3	33.3
Farba	66.7	-	33.3
Płytka	66.7	-	33.3
Piasek i kamień	66.7	-	33.3

W tej kategorii związanej z konsultantem stwierdzono, że "Beton, cegły i ceramika", które uzyskały 100%, "Cement i zaprawa", które uzyskały 75%, "Szkło" i "Płytka", które uzyskały 62,5% oceny oraz "Piasek i kamień", które uzyskały 50% oceny, mają być utylizowane na składowisku. Ale "Stal" i "Metal", które uzyskały 50% punktów, mają być poddane recyklingowi. Drewno i tworzywa sztuczne, które uzyskały odpowiednio 62,5% i 25%, mają być ponownie wykorzystane. (Tabela 5.21)

Tabela 5.21: Identyfikacja materiałów budowlanych w KSA Projekty związane z Konsultantami Respondentami

Kategoria materiału	Składowany na składowisku odpadów %	Zrzucane ze składowisk odpadów przez recykling lub ponowne wykorzystanie	
		Recykling %	Ponowne wykorzystanie %
Beton, cegły i ceramika	100	-	-
Cement i zaprawa murarska	75	25	-
Stal	25	50	25
Drewno	37.5	-	62.5
Szkło	62.5	25	12.5
Metal	37.5	50	12.5
Tworzywo sztuczne	37.5	37.5	25
Farba	50	37.5	12.5
Płytka	62.5	25	12.5
Piasek i kamień	50	12.5	37.5

5.8.3 Identyfikacja korzyści wynikających z planu gospodarowania odpadami

W tej kategorii związanej z wykonawcą stwierdzono, że "Mniejsze zanieczyszczenie", "Ochrona zasobów naturalnych" i "Odzyskiwanie energii" uzyskały najwyższy wynik w zakresie korzyści z gospodarowania odpadami. Jednak w odniesieniu do konsultanta stwierdzono, że "Mniejsze zanieczyszczenie" uzyskało najwyższy wynik w zakresie korzyści z gospodarki odpadami. (Tabela 5.22)

Tabela 5.22: Korzyści wynikające z planu gospodarki odpadami w projektach KSA związanych z wykonawcami i konsultantami Respondentów

Skala ocen / Korzyści	Średnia wartość rangi	
	Wykonawca	Konsultant
Mniej zanieczyszczeń	4.33	4.5
Czystsze powietrze i woda	4	4.25
Więcej terenów zalesionych i otwartych przestrzeni	3	3.62
Redukcja emisji gazów cieplarnianych	3.7	4
Ochrona zasobów naturalnych	4.33	4.25
Odzyskiwanie energii	4.33	3.62
Mniej śmieci trafiających na składowisko	4	3.5
Oszczędność kosztów	3.33	4.12
Generowanie zatrudnienia	3.7	3.75
Wzrost sprzedaży	2.33	3.12
Zwiększona wydajność	2.33	3.37
Obrzydliwy zapach jest ograniczony	3.7	3.75

5.9 Największe według Pana/Pani źródła pochodzenia odpadów na miejscu?

5.9.1 Projekty typu Muscat

Pochodzenie odpadów	% Respondenci
Umowny	-
Zamówienia publiczne	-

Projekt	8.33
Zarządzanie i planowanie na miejscu	50
Działanie na miejscu	50
Transport	8.3
Zamawianie materiałów	8.3
Magazynowanie materiałów	33.3
Postępowanie z materiałami	25
Reszta	8.3

W projektach Muscat pokazuje, że "Zarządzanie i planowanie na miejscu" oraz "Eksploatacja na miejscu" uzyskały najwyższy wynik procentowy respondentów za pochodzenie odpadów budowlanych.

5.9.2 Projekty Nizwa

Pochodzenie odpadów	% Respondenci
Umowny	11.1
Zamówienia publiczne	16.7
Projekt	38.9
Zarządzanie i planowanie na miejscu	77.8
Działanie na miejscu	44.4
Transport	5.6
Zamawianie materiałów	5.6
Magazynowanie materiałów	33.3
Postępowanie z materiałami	33.3
Reszta	16.7

W projektach Nizwy pokazuje to, że "Zarządzanie i planowanie na miejscu" uzyskało najwyższy wynik procentowy respondentów w zakresie pochodzenia odpadów budowlanych.

5.9.3 Projekty KSA

Pochodzenie odpadów	% Respondenci
Umowny	-
Zamówienia publiczne	40
Projekt	30
Zarządzanie i planowanie na	50

miejscu	
Działanie na miejscu	40
Transport	-
Zamawianie materiałów	-
Magazynowanie materiałów	20
Postępowanie z materiałami	10
Reszta	40

W przypadku projektów realizowanych w Królestwie Arabii Saudyjskiej pokazuje to, że "zarządzanie i planowanie na miejscu" uzyskało najwyższy wynik odsetka respondentów pod względem pochodzenia odpadów budowlanych.

Referencje

[1] http://ieeexplore.ieee.org/abstract/document/4631883/?reload=true

[2] https://www.researchgate.net/publication/258224407_CONSTRUCTION_WASTE_MANAGEMENT_Malaysian_Perspective

[3] Begum, R. A., Satari, S. K., & Pereira, J. J. Generacja i Recykling Odpadów: Porównanie konwencjonalnych i uprzemysłowionych systemów budowlanych. *American Journal of Environmental Sciences*, Volume 6(4), (2010), s. 383-388.

[4] N. Yahaya, and I. Larsen, "Federalizing solid waste management in Peninsular Malaysia," Proceeding in International Solid Waste Association (ISWA) World Congress, Singapur, 2008.

[5] Nagapan, S., Rahman, I. A. i Asmi, A. Czynniki przyczyniające się do powstawania fizycznych i niefizycznych odpadów w budownictwie. *International Journal of Advance in Applied Sciences*, Volume1(1), (2012)

[6] Alarcon, L. F. Tools for the identification and reduction of waste in construction projects. *Lean construction*, Rotterdam, (1994), s. 365-377.

[7] B.G. Hwang i Z. B. Yeo, "Percepcja korzyści płynących z gospodarki odpadami budowlanymi w przemyśle budowlanym Singapuru", Journal of Engineering, Construction and Architectural Management, Vol. 18 No. 4, 2011.

8] J. Ferguson, N. Kerrmode, C. L. Nash W. A. J. Sketch i R. P. Huxford, "Managing and Minimizing Construction Waste - A Practical Guide", Institute of Civil Engineers, Londyn, 1995 r.

[9] A. Serpell. et al., "Characterization of Waste in Building Construction Projects" in 3rd Annual conference of the International Group for Lean Construction, 1995.

[10] S. Nagapan, et al., "A Review of Construction Waste Cause Factors, in Asian Conference of Real Estate: Sustainable Growth Managing Challenging (ACRE), 2011

[11] O. F. Kofoworola i S. H. Gheewal, "Estimation of Construction Waste Generation and Management in Thailand", "Journal of Waste Management, vol. 29, 2009".

[12] Formoso C. T., Isatto E. L. i Hirota E. H., "Method for Waste Control in the Building Industry", *Proceedings of the 7th Annual Conference of the International Group for Lean Construction*, Berkeley, (1999)

[13] Alwi, S., Hampson, K. i Mohamed, S. Waste in the Indonesian construction projects. *Proceedings of International Conference of CIB W107 - Creating a sustainable Construction Industry in Developing Countries*, South Africa, (2002), str. 305-315.

[14] Koskela, L. Exploration Towards a Production Theory and Its Application to Construction. *Centrum Badań Technicznych Finlandii*, Publikacja VTT 408, Finlandia, 2000 r.

[15] Nazech E.M, Zaldi D., i Trigunarsyah B. Identyfikacja odpadów budowlanych w projektach budowy dróg i autostrad. *Jedenasta konferencja na temat inżynierii strukturalnej i budownictwa w regionie Azji Wschodniej i Pacyfiku (EASEC-11),* Tajwan, (2008), s. 19-21.

[16] Gavilan, R. M. i Bernold, L. E. Source evaluation of solid waste in building construction. *Journal of Construction and Management*, (1994), str. 536-552.

[17] Pheng, L. S. i Tan, S. K. L. How Just-in-Time Wastages can be Quantified: Case Study of a Private Condominium Project. *Journal of Construction Management and Economics*, Volume. 16, (1998), str. 621-635.

[18] http://penerbit.uthm.edu.my/ojs/index.php/ijie/article/view/190

[19] S. Nagapan, I. A. Rahman i A. Asmi, "Factors Contributing to Physical and Nonphysical Waste Generation in Construction Industry", International Journal of Advance in Applied Sciences, 2012.

[20] R. Wang i S. Li, "Talking about the production and disposing of construction waste from the view of sustainable development", Proceeding Power and Energy Engineering Conference (APPEEC), IEEE, Asia-Pacific, s. 1-4, 2011.

[21] A.G. Bossink i H.J.H. Brouwers, "Construction waste: quantification and source evaluation", Journal of Construction Engineering and Management, ASCE, Vol. 122(1), 1996.

[22] C. Llatas, "A model for quantifying construction waste in projects according to the European waste list", Journal of waste management, Vol. 3, s. 1261-1276, 2011.

[23] Wahab, A. B. i Lawal, A. F. Ocena środków kontroli odpadów w przemyśle budowlanym w Nigerii. *African Journal of Environmental Science and Technology*, Volume 5, (2011), s. 246-254.

[24] http://docplayer.net/31211759-Issues-on-construction-waste-the-need-for-sustainable-waste-management.html

[25] https://inis.iaea.org/search/search.aspx?orig_q=RN:42047456

[26] https://core.ac.uk/download/pdf/12008295.pdf

[27] http://www.sgbc.sg/

[28] V. Nitivattanon, i G. Borongan, "Construction and demolition waste management: current practices in Asia," Proceedings of the International Conference on Sustainable Solid Waste Management, Chennai, India, 2007.

[29] J. L. Hao, M. J. Hills i V. W. Y. Tam, "The effectiveness of Hong Kong's Construction Waste Disposal Charging Scheme," Waste Management and Research, tom 26, 2008 r.

30] Architectural Services Department (ASD), "General Specification, Architectural Services Department, HKSAR Government, Hong Kong," cytowany w "A sustainable framework of "green" specification for construction in Hong Kong," P.T.I. Lam, E.H.W. Chan, C.K. Chau i C.S. Poon, 2011 r.

[31] W. Yeung, "Our Countryside, or One Big Garbage Dump" , http://hk.asia-city.com/city-living/article/our-countryside-or-one-biggarbage- dump, 2010 [dostęp uzyskano 22 kwietnia 2012 r.]

[32] Ekanayake, L. L., i Ofori, G. Ocena źródła odpadów materiałów budowlanych. *Proceedings of Strategies for a Sustainable Built Environment*, Pretoria, 2000.

[33] Alwi, S., Hampson, K. i Mohamed, S. Non Value-Adding Activities in Australian Construction Projects. Proceeding of International

Conference on Advancement in Design, Construction, Construction Management and Maintenance of Building Structure, Bali, 2002.

[34] Serpell, A., Venturi, A., i Contreras, J. Charakterystyka odpadów w projektach budowlanych. *Prezentowany na 3. warsztatach dotyczących chudego budownictwa*, Albuquerque, 1995 r.

Senaratne, S., i Wijesiri, D. Lean Construction jako opcja strategiczna: Testowanie jej przydatności i akceptacji w Sri Lance. *Lean Construction Journal*, 2008 r.

[36] Alwi, S. i Hampson, K. Identyfikując ważne przyczyny opóźnień w realizacji projektów budowlanych. Postępy *9. konferencji na temat inżynierii strukturalnej i budownictwa w regionie Azji Wschodniej i Pacyfiku*, Bali, 2003 r.

[37] Kaming P.F., Olomolaiye P.O., Holt G.D. i Harris F.C. Czynniki wpływające na czas budowy i przekroczenie kosztów projektów wieżowców w Indonezji. *Zarządzanie budową i ekonomia*. Tom, 15(1), 1997

[38] Zhao, Y. i Chua, D. K. H. Zależność między produktywnością a brakiem wartości - działania dodające. *Kontynuacja 11. dorocznej konferencji międzynarodowej grupy ds. lean construction*, Blacksburg, 2003 r.

[39] V. W. Y. Tam, *et al.*, "Controlling Construction Waste by Implementing Governmental Ordinances in Hong Kong", *Journal of Construction Innovation*, vol. 7, pp. 149-166, 2007.

40] (Begum i in., 2006; Shen i in., 2002; Shen i Tam, 2000; Poon i in., 2001; Ho, 2001; Faniran i Caban, 1998; Sherman, 1996).

[41] O. O. Faniran i G. Caban, "Minimalizacja odpadów na budowie

sites" Engineering Construction and Architectural Management Journal, Vol. 5(2), pp.182-8, 1998

Załącznik

Droga pani,

Obecnie podejmuję studia licencjackie w zakresie inżynierii lądowej na Uniwersytecie w Nizwie. Temat, który wybrałem do mojego ostatniego projektu to "Czynniki powodujące powstawanie odpadów budowlanych na Uniwersytecie w Nizwa (UoN) Nowy kampus". Kwestionariusz ma na celu badanie gospodarki odpadami w przemyśle budowlanym.

Byłbym bardzo wdzięczny, gdyby mógł pan wypełnić kwestionariusz. Nie trzeba dodawać, że wszystkie dostarczone informacje będą traktowane jako prywatne i poufne. Dziękuję za wypełnienie tego kwestionariusza.

Thuraiya Balarab Al Battashi

سيدي العزيز / سيدتي العزيزة

أنا أجري حاليا درجة البكالوريوس في الهندسة المدنية في جامعة نزوى. الموضوع الذي اخترته لمشروع تخرجي هو "العوامل التي تسبب مخلفات البناء في جامعة نزوى (الحرم الجامعي الجديد)", ويتمحور هذا الاستبيان على إدارة النفايات أثناء البناء والتشييد, وسأكون ممتنة للغاية ملء هذا الاستبيان ولا غنى عن القول أن جميع المعلومات المقدمة ستعامل عند جزيل ولكم.

ثرياء بلعرب البطاشي

Nazwisko respondenta :(الاسم)

Nazwa firmy :(اسم مؤسسة العمل)

Rodzaj doświadczonych projektów (نوع المشاريع التي عملت بها) :

Lokalizacja projektów (مواقع المشاريع):

Określić etap budowy projektów(حدد مرحلة البناء) :

Proszę odpowiedzieć na wszystkie pytania (الرجاء الإجابة على جميع الأسئلة)

Wyznaczenie respondenta (الوظيفة)

Architekt (معماري)

Inżynier (مهندس)
Rzeczoznawca ilościowy (ماسح كميات)
Wykonawca (مقاول)
Konsultant (استشاري)
Klient (مالك)
Pracuj dla: (تعمل لـ)
- Dla wykonawcy (تعمل لمقاول)
- Dla konsultanta (تعمل لاستشاري)
- Dla klienta (تعمل لمالك)

Inne (proszę określić) (آخر): ____________________

Lata doświadczenia zawodowego (عدد سنوات الخبرة)

0 do 5
6 do 10
11 do 15
16 do 20

Rodzaje firm (نوع مؤسسة العمل)

Mały (صغيرة)
Medium (متوسطة)
Duże(كبيرة)

Zidentyfikuj w swojej opinii najwyższy wskaźnik odpadów materiałów budowlanych na miejscu. (Proszę podać ✓odpowiedzi).
حدد برأيك معدل مخلفات البناء في الموقع (ضع ✓للإجابة).

(مقياس) (التصنيف) Skala ocen / Materiały (المواد)	Najmniej istotny (أقل أهمية)	Nieważne (غير مهم)	Ważne (مهم)	Bardzo ważne (مهم جدا)	Najważniejsze (غاية في الأهمية)
Beton (خرسانة)					
Stal (حديد)					

Drewno (خشب)					
Bloki (طابوق)					
Opakowania (مواد التغليف)					

Zidentyfikuj czynniki powodujące marnotrawstwo materiałów budowlanych na miejscu. (Prosimy o ✓odpowiedzi).

حدد عوامل هدر مواد البناء في الموقع (ضع ✓للإجابة).

Materiały (المواد) / Czynniki (العوامل)	Beton (خرسانة)	Stal (حديد)	Drewno (خشب)	Bloki (طابوق)	Opakowanie (مواد التغليف)
Design (التصميم)					
Obsługa (النقل)					
Pracownicy (العمال)					
Czynniki zewnętrzne (عوامل خارجية)					
Zarządzanie (الإدارة)					
Zamówienia publiczne (المشتريات)					
Stan strony internetowej (وضع موقع البناء)					

Określenie typowych problemów środowiskowych, jakie napotyka się przy nielegalnym składowaniu odpadów budowlanych. (Proszę podać ✓odpowiedzi).

حدد المشاكل البيئية التي قد يسببها التخلص الغير قانوني من مخلفات البناء. (ضع ✓للإجابة).

(مقياس التصنيف) Skala ocen / Materiały (المواد)	Najmniej istotny (أقل أهمية)	Nieważne (غير مهم)	Ważne (مهم)	Bardzo ważne (مهم جدا)	Najważniejsze (غاية في الأهمية)
Degradacja ziemi (تدهور)					

(الأراضي)					
Wyczerpanie zasobów (استنزاف الموارد)					
Ogrzewanie globalne (الاحتباس الحراري)					
Zanieczyszczenie powietrza (تلوث الهواء)					
Zanieczyszczenie wody (تلوث الماء)					
Zanieczyszczenie gleby (تلوث التربة)					

Ranking w kolejności, kto odgrywa najważniejszą rolę w postępowaniu z odpadami budowlanymi i ich kontroli? (Gdzie 1 jest najwyższy, a 5 najniższy).

رتب تدريجيا من الذي يلعب الدور الأهم في التعامل والسيطرة على مخلفات البناء؟ (حيث 1 هو الأعلى و 5 هو الأدنى).

Rola (الدور) / Strony (الأطراف)	1	2	3	4	5
Klient (المالك)					
Architekt (المعماري)					
Inżynier budowlany (المهندس المدني)					
Rzeczoznawca ilościowy (مساح الكميات)					
Wykonawca (المقاول)					

Ocenić, które etapy budowy mają negatywny wpływ na środowisko naturalne. (Prosimy o ✓odpowiedzi).

حدد درجة أي من مراحل الإنشاء التي لها أثر سلبي على البيئة (ضع ✓للإجابة).

(مقياس التصنيف)	Najmniej	Nieważne	Ważne	Bardzo	Najważniejsze

Skala ocen Sceny (المراحل)	istotny (أقل أهمية)	(غير مهم)	(مهم)	ważne (مهم جدا)	(غاية في الأهمية)
Planowanie (التخطيط)					
Projektowanie (التصميم)					
Budownictwo (البناء)					
Zawód (الإقامة)					

Zidentyfikować źródła i przyczyny powstawania odpadów budowlanych. (Proszę podać ✓odpowiedzi).

للإجابة).✓حدد التأثير من مصادر ومسببات مخلفات البناء (ضع

Przyczyny powstawania odpadów budowlanych (مسببات مخلفات البناء)		Skala ocen (مقياس التصنيف)				
		Najmniej istotny (أقل أهمية)	Nieważne (غير مهم)	Ważne (مهم)	Bardzo ważne (مهم جدا)	Najważniejsze (غاية في الأهمية)
Design (التصميم)	Częste zmiany konstrukcyjne (تغييرات التصميم المتكررة)					
	Błędy projektowe (أخطاء التصميم)					
	Niedoświadczony projektant (خبرة المصمم)					
	Brak informacji o projekcie (نقص معلومات التصميم)					
	Wymagania klienta w ostatniej chwili (متطلبات المالك في اللحظة الأخيرة)					
	Słaba jakość projektu (الافتقار لجودة التصميم)					
	Błąd w dokumentacji kontraktowej (خطأ في وثيقة العقد)					
	Powolny rozkład rysunków (بطئ توزيع الرسومات والخرائط)					
	Interakcja między różnymi specjalistami (التفاعل بين مختلف المختصين)					
	Niekompletna umowa (عدم اكتمال العقد)					
	Słaba koordynacja części na etapie projektowania (سوء التنسيق مع باقي الأطراف خلال مرحلة					

	التصميم)					
	Skomplikowana konstrukcja (تصميم معقد)					
Obsługa (النقل)	Niewłaściwe przechowywanie materiałów (تخزين المواد بطريقة خاطئة)					
	Złe obchodzenie się z materiałami (سوء التعامل مع المواد ونقلها)					
	Uszkodzenia podczas obsługi (أضرار أثناء النقل)					
	Słaba jakość materiału (سوء جودة المواد)					
	Awaria sprzętu (تعطل المعدات)					
	Materiał dostarczany w postaci luźnej (توفر المواد بشكل منفرد أو فضفاض)					
	Opóźnienie w dostawie (التأخير أثناء التوصيل)					
	Nieefektywne metody rozładunku (أساليب تفريغ المواد بشكل غير فعال)					
	Narzędzia niewłaściwie używane (أدوات غير مناسبة للاستخدام)					
Pracownicy (العمال)	Błędy pracowników podczas budowy (أخطاء العمال أثناء عملية البناء)					
	Brak świadomości (قلة الوعي)					
	Niekompetentni pracownicy (العمال غير كفء)					
	Złe nastawienie pracowników (السلوك السيء من العمال)					
	Inwentaryzacja materiału nie jest dobrze udokumentowana (جرد المواد غير الموثقة بشكل جيد)					
	Szkody spowodowane przez pracowników (الأضرار الناجمة عن العمال)					
	Robotnik nie ma entuzjazmu (عدم وجود الحماس عند العامل)					
	Niewystarczające szkolenie pracowników (تدريب العاملين بشكل غير كافي)					
	Słaba jakość wykonania (سوء جودة العمل)					
	Brak doświadczenia (قلة الخبرة)					
	Niewłaściwe użycie materiałów (الاستخدام غير الملائم للمواد)					
	Niedobór wykwalifikowanych pracowników (نقص العمال الماهرين)					
	Zbyt wiele w czasie wrogów (زيادة عدوانية العمال مع مرور الوقت)					
Zarządzanie	Niedobór sprzętu (ندرة المعدات)					
	Brak wpływu wykonawców (عدم وجود تأثير للمقاولين)					
	Opóźniony przepływ informacji między stronami (وصول المعلومات بشكل متأخر بين					

	(الأطراف)					
	Długi czas trwania projektu (طول مدة المشروع)					
	Słaba jakość informacji (سوء جودة المعلومات)					
	Brak wiedzy o budownictwie (نقص في المعرفة حول البناء)					
	Brak koordynacji między stronami (عدم وجود تنسيق بين الأطراف)					
	Brak dostępności sprzętu (عدم توفر المعدات)					
	Niewłaściwe metody budowy (أساليب غير لائقة للبناء)					
	Przestarzały sprzęt (معدات قديمة)					
	Słaby nadzór (سوء الإشراف)					
	Problemy z komunikacją (مشاكل في التواصل)					
	Słabe zarządzanie obiektem (سوء إدارة الموقع)					
	Okresy oczekiwania (فترات الانتظار)					
	Słaba kontrola (سوء السيطرة)					
	Problemy z zasobami (مشاكل الموارد)					
	Słabe planowanie (سوء التخطيط)					
	Brak zarządzania odpadami (عدم وجود إدارة للنفايات)					
	Przepracowanie (إعادة العمل)					
Zamówienia publiczne (المشتريات)	Niewłaściwa dostawa materiału (استلام مواد خاطئة)					
	Błędy w składaniu zamówień (سوء التنظيم)					
	Pozycja niezgodna ze specyfikacją (عدم الامتثال أو التقيد بالمواصفات)					
	Oczekiwanie na wymianę (انتظار الاستبدال)					
	Różne metody stosowane do szacowania (اختلاف طرق التقدير)					
	Błąd w wysyłce (خطأ في الشحن)					
	Błędy w badaniach ilościowych (أخطاء في مسح الكميات)					
	Częste zlecenia zmiany (أوامر التغيير المتكررة)					
	Błędy dostawcy (أخطاء من المورد للمواد)					
	Ponad dodatek (كثرة الأعذار والتسامح)					
Stan strony	Nieprzewidziane warunki gruntowe (أوضاع غير متوقعة)					
	Trudności w dostępie do placu budowy (صعوبات الوصول إلى موقع البناء)					
	Resztki materiałów na miejscu (المواد المتبقية في الموقع)					

	Odpady powstające z opakowań (النفايات الناتجة عن التعبئة والتغليف)					
	Problem z oświetleniem (مشكلة الإضاءة)					
	Zły stan terenu (سوء حالة موقع البناء)					
	Zatłoczenie terenu (اكتظاظ الموقع)					
	Ingerencja pozostałej załogi na miejscu (تدخل طاقم آخر في الموقع)					
Czynnik	Pilferage (الاختلاس)					

Określenie skutecznej opcji planu gospodarowania odpadami (WMP). (Proszę podać ✓odpowiednie odpowiedzi).

(ضع ✓حدد الخيار الفعال لإدارة النفايات. للإجابة).

Skala ocen (مقياس التصنيف) WMP (خطة إدارة النفايات)	Najmniej istotny (أقل أهمية)	Nieważne (غير مهم)	Ważne (مهم)	Bardzo ważne (مهم جدا)	Najważniejsze (غاية في الأهمية)
Zmniejszyć (تقليل)					
Ponowne wykorzystanie (إعادة استخدام)					
Recykling (تدوير)					
Burn (حرق)					
Składowisko odpadów (مكب النفايات)					
Kompost (أسمدة)					

Zidentyfikować materiały budowlane, które są usuwane na składowisku, poddawane recyklingowi lub ponownie wykorzystywane. (Proszę podać ✓odpowiedzi).

حدد الطريقة التي يتم التخلص بها من مواد البناء إما في مكب النفايات وإعادة تدويرها، أو إعادة استخدامها. (ضع ✓للإجابة).

Kategoria materiału (فئة المادة)	Składowany na składowisku odpadów (التخلص منها في مكب النفايات)	Zrzucane ze składowisk odpadów przez recykling lub ponowne wykorzystanie (تحويلها من مكب النفايات عن طريق إعادة التدوير أو إعادة استخدامها)	
		Recykling (إعادة التدوير)	Ponowne wykorzystanie (إعادة الاستخدام)
Beton, cegły i ceramika (الخرسانة, الطابوق والسيراميك)			
Cement i zaprawa murarska (الاسمنت والمورتر)			
Stal (الحديد)			
Drewno (الخشب)			
Szkło (الزجاج)			
Metal (المعدن)			
Tworzywo sztuczne (البلاستيك)			
Farba (الأصباغ)			
Płytka (البلاط)			
Piasek i kamień (الرمل والحصى)			

Określenie korzyści płynących z planu gospodarowania odpadami. (Proszę podać ✓odpowiedzi).

حدد درجة الفائدة من خطة إدارة النفايات. (ضع ✓للإجابة).

Skala ocen (مقياس التصنيف) / Korzyści (الفوائد)	Najmniej istotny (أقل أهمية)	Nieważne (غير مهم)	Ważne (مهم)	Bardzo ważne (مهم جدا)	Najważniejsze (غاية في الأهمية)
Mniej zanieczyszczeń (أقل تلوث)					

Czystsze powietrze i woda (هواء وماء أنظف)					
Więcej terenów zalesionych i otwartych przestrzeni (زيادة الغابات والمساحات المفتوحة)					
Redukcja emisji gazów cieplarnianych (خفض غازات الاحتباس الحراري)					
Ochrona zasobów naturalnych (الحفاظ على الموارد الطبيعية)					
Odzyskiwanie energii (استعادة الطاقة)					
Mniej śmieci trafiających na składowisko (أقل قمامة في مكب النفايات)					
Oszczędność kosztów (توفير التكاليف)					
Generowanie zatrudnienia (خلق فرص عمل)					
Wzrost sprzedaży (زيادة المبيعات)					
Zwiększona wydajność (زيادة الإنتاجية)					
Obrzydliwy zapach jest ograniczony (تقليل أو تقييد الروائح)					

Jakie są Państwa zdaniem największe źródła powstawania odpadów na miejscu?

ما هي أكبر مسببات لمخلفات البناء في رأيك؟

Umowna (التعاقدية)
Zamówienia publiczne (المشتريات)
Design (التصميم)
Zarządzanie i planowanie na miejscu (إدارة الموقع والتخطيط)
Działanie strony (عمليات الموقع)
Transport (النقل)
Zamawianie materiałów (طلب المواد)
Magazynowanie materiałów (تخزين المواد)
Obsługa materiałów (نقل المواد)
Pozostała(المواد المتبقية)

Czy uważasz, że niewłaściwe usuwanie odpadów ma wpływ na estetykę środowiska?

هل تعتقد أن التخلص الغير لائق للنفايات له تأثير على جمالية البيئة؟

Tak (نعم)

Nie(لا)

Czy przy odpowiednim zaprojektowaniu planu gospodarowania odpadami jest on w stanie chronić środowisko?

هل التصميم المناسب لخطة إدارة النفايات قادر على حماية البيئة؟

Tak (نعم)
Nie(لا)

Czy dzięki właściwemu planowi gospodarowania odpadami możliwe jest osiągnięcie zerowej ilości odpadów trafiających na składowiska do 2020 r.?

مع الخطة المناسبة لإدارة النفايات، هل من الممكن صفر أو عدم وجود نفايات في مكب النفايات بحلول عام 2020 ؟

Tak (نعم)
Nie(لا)

Czy uważasz, że ważne jest, aby efektywnie zarządzać odpadami na projektach?

هل تعتقد أنه من المهم لإدارة النفايات التأثير بشكل فعال على المشاريع؟

Tak (نعم)
Nie(لا)

FSC
www.fsc.org
MIX
Papier | Fördert
gute Waldnutzung
FSC® C083411

Kolibri 360 GmbH
Ferdinand-Jühlke-Straße 7
99095 Erfurt, Deutschland
produktsicherheit@kolibri360.de

Druck:
CPI Druckdienstleistungen GmbH
im Auftrag der
Kolibri 360 GmbH
Ferdinand-Jühlke-Str. 7
99095 Erfurt